최적의 **타이밍**에

내집 마련하는 기술

| 이원재 지음 |

가림출판사

부동산 컨설턴트 이원재의 **황금률 재테크**

최적의 타이밍에

내집 마련하는 기술

| 이원재 지음 |

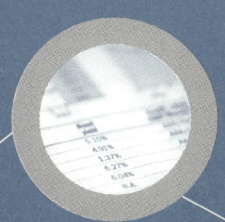

가림출판사

일러두기

1. 이 책에 사용된 서울의 평균 전세보증금, 금융기관의 이율 등은 2003년 8월 말 발표된 자료를 근거로 서술된 것입니다.

2. 제1장에서 언급된 1달 평균 자동차 보험료는 28세 연령을 기준으로 한 연 자동차 보험료를 기준으로 서술한 것입니다.

3. 이 책에서 서술하고 있는 금융기관의 상품 이율 등은 국민은행의 자료를 토대로 정리한 것임을 밝힙니다.

책머리에

부동산 재테크에 관한 책을 두 권 출간한 뒤였다. 고맙게도 적지 않은 독자들이 2002년 4월에 출간된 『적은 돈으로 큰돈 벌 수 있는 - 부동산재테크』를 구입해 읽어주었고, 그 중에는 내 개인 메일에 부동산 재테크에 관한 의견을 보내주는 독자들도 있었다.

내게 의견을 남겨주는 독자 중에는 격려와 성원 못지 않게 '다 그 책이 그 책 같은' 내용과 성격에서 벗어나지 못했음을 질책하는 독자들도 있었다.

처음 한동안은 질책하는 독자들의 의견을 접하면서 '대한민국 같이 부동산 관련 법률이 변화무쌍한 나라에서 도대체 무엇을 더 기대한단 말인가?' 그런 생각을 한 적도 있었다. 그러나 내 생각이 틀렸다는 것을 깨닫는 데에는 그렇게 많은 시간이 걸리지 않았다. 이른바 우리 생활과 밀접한 '실용서'를 표방하면서도 과연 내용이나 형식은 '실용서'에 부합하는 것일까 하는 의문이 생긴 것이다.

그러한 생각을 한 뒤부터 시중에 나와 있는 이른바 부동산 관련 책자들을 훑어보았다.

많은 부동산 관련 책들의 저자들에게 결례를 무릅쓰고, 용서를 구하면서 이야기를 한다면 시판되고 있는 책들은 하나 같이 전문가를 위한, 전문가가 쓴 책이라는 사실을 발견하였다. 그것은 내게는 정말 충격적인 발견이었다. 하다 못해 전자제품을 산 뒤에 매뉴얼조차 읽기 싫어하는, 그런 까닭에 복잡한 기능을 단순화하는 것이 제품 개발의 흐름이 된 지금 세상에 전문가용 책을 누가 읽겠는가? 큰 관심을 가지고 읽는다고 해서 과연 얼마나 도움이 되겠는가?

　　그때부터 나는 아주 평범하고, 우리 주변에서 흔히 사례를 발견할 수 있는 것들을 한눈에 쏙 들어오도록 하는 작업이 필요하다는 것을 절감했다. 사례를 찾다보니 결혼하여 '내 집 장만'에 열중하는 세대들의 이야기부터 다뤄보기로 했다. 누구나 잘 알고 있는 것 같지만 실제로는 체계적으로 정리되지 않은 첫 번째 내 집 장만의 과정을 에피소드와 함께 제공한다면 누구나 쉽게 읽고 이해하는 책이 되지 않을까, 처음 구상은 그렇게 단순했다.

그러나 어떤 내용을 누구나 알기 쉽게 풀어서 써준다는 일이 그토록 어려운 작업인 줄 나는 미처 몰랐다. 지금에 와서야 고백 하는데 지난 두 권의 책보다 두 갑절, 세 갑절 이상은 힘이 들었 다. 그와 같은 과정을 거쳐서 비로소 세상에 이 책을 내놓는다.

이번 책은 '첫 번째 내 집 장만'의 과정을 다뤘다. 다음 책부터 는 본격적인 부동산 재테크를 다룰 계획이다.

아무쪼록 이 책이 체계적이고 한눈에 확 들어오는 내 집 장만 과정을 알려 주는 책이 없음에 아쉬워 하는 독자를 만나 세상에 선을 보인 원래의 임무를 다하기를 기원하면서 편집을 맡아준 가 림출판사 여러분과 삽화를 그려준 김옥 님에게 감사 드린다.

2003년 8월

이 원 재

Contents

Contents

Contents

제 2 장 거듭되는 헛발질

Contents

제 3 장   드디어 꿈을 이루다

1

사랑과 결혼에는
치밀한 준비가 필요하다

1 눈물겨운
나의 지난 이야기

내 이름은 백천만이다. 내가 백천만이라는, 듣기에 따라서는 자칫 우스워 보이는 이름을 갖게 된 것은 순전히 나의 부친(백십평) 덕분이다. 내 이름을 지을 당시 부친은 몹시 가난했는데, 앞으로 내가 잘살기를 희망하면서 지었다고 한다. 그러니까 내 이름에는 부친의 기원이 담겨 있다.

내가 이름 때문에 학창시절에 얼마나 놀림감이 되었는지 부친은 모를 것이다. 나는 이름 때문에 당한 고통만으로도 부친의 재산을 상속할 수 있는 권리가 있다고 생각한다(실제로 나의 형제는 출가한 누님 한 분이 전부이다. 굳이 그런 이유를 들지 않더라도 나는 부친의 재산을 상속받을 수 있다).

물론 나는 부친의 재산이 어느 정도인지 알지 못한다. 부친이 내게 단 한 번도 가르쳐 준 적이 없기 때문이다. 겉으로 보기에 부친의 재산은 지금 살고 있는 3층짜리 주상복합 건물이 전부인 것처럼 보인다. 그러나 내가 알고 있는 부친의 성격을 감안하면 자식인 내게 말하지 않고 뒤로 '꿍쳐 둔' 재산이 분명 있을 것이다. 이것은 순전히 짐작일 뿐이다.

운 좋게도 나는 대학을 졸업하고 군대에 갔다온 뒤에 취업을 할 수 있었다. 손꼽히는 일류 기업은 아니지만 요즘 같은 세상에 취업이 어디 쉬운 일인가? 어쨌든 나는 취업으로 날개까지 달게 되었다.

나는 취업을 한 뒤에 부친에게 독립을 하겠다고 말했다. 내가 독립을 하겠다고 하자 부친은 장한 결정을 했다고 내 어깨를 토닥여주었다. 그 날 부친은 젊었을 때 고생하면서 자수성가를 이루는 것이 인생의 진정한 보람이라고 했던가?

독립을 처음 생각할 때부터 내 속셈은 다른 곳에 있었다. 왕소금인 부친의 영향권에서 벗어나 마음껏 화려한 자유를 누리는 것이 목표였다. 젊었을 때 하지 못하면 평생 할 수 없다는 그 생활을!

　부친은 독립하는 내게 전세보증금을 내주었다. 부친이 큰 선심을 쓰듯이 내준 돈은 고작 2,000만 원이었다. 아! 그 돈을 받는 순간 나는 하늘을 우러르며 한숨을 토했다. 그 돈은 내가 계획한 화려한 자유를 실현하기에는 터무니없이 부족한 돈이었다. 그러나 부친의 집요하고 고집 센 성격을 그대로 물려받은 내게 포기란 없었다.

　부친은 내게 돈을 모으려면 살기에 불편해도 꼭 전세를 얻으라고 했지만 나는 1,000만 원 보증금에 매달 40만 원씩을 내야 하는 원룸을 얻었다. 강남의 역세권에 진출하는 데에는 실패했지만 그런 대로 폼을 잡기에는 부족하지 않았다. 배기량 1600cc급 검은색 세미 스포츠카를 구입하고 나머지 돈으로는 꼭 필요한 전자제품을 사들였다. 오디오와 결합된 평면 텔레비전은 빠져서는 안 될 필수품! 모자라는 돈은 신용카드 할부로 죽 긁었다.

　그런 사연을 거쳐 이제 모든 준비를 갖췄다. 나, 백천만의 화려한 자유가 시작되던 순간이었다.

폼생폼사는 나의 좌우명이었다. 나는 잘 놀고 자유를 누릴 줄 아는 '킹카'로 통했다. 금요일 밤이면 강남의 나이트 클럽에서 '작업'을 했다. 원래 끼가 다분했던 나는 어느 새 노련한 '꾼'이 되어 갔다. 절대 그 날 작업한 대상은 그 날 끝을 보지 않았다. 나는 주말 나들이를 통해 작업을 마무리했다.

한참 잘 나가던 즈음에 나는 '꾼'으로서는 절대 해서는 안 될 바보 같은 짓을 저지르고 말았다. 그만 작업 대상이었던 여인을 사랑하게 된 것이었다. 그녀는 그때까지 내가 작업했던 여인 중에서 단연 '퀸카'였다.

몇 번의 만남이 있은 뒤에 나는 그녀를 사랑하게 되었다. 나는 그녀에게 사랑을 고백했고 그녀는 내 사랑을 받아들였다. 그 후로 나는 작업을 시도하지 않았고 그녀도 작업의 대상이 될 만한 곳에는 일절 출입하지 않았다. 우리 사랑은 하루가 다르게 깊어 갔다.

밤이 되면 헤어져야 한다는 사실이(사실은 일 주일에 한번 꼴로 아침에 헤어졌지만) 못 견디게 싫어졌을 즈음에 나는 그녀에게 결혼하자고 말했다. 내 청혼을 받은 그녀는 진지하고 단호한 표정으로 말했다.

"우리 시작은 아무리 작아도 28평은 되어야만 해. 그리고 강북은 안 되고 반드시 강남일 것! 설마 나를 데려다가 전세에서 시작할 생각은 아닐 테지?" 나는 그녀가 내건 조건 같은 것은 아무래도 상관없었다. 그녀가 내 청혼을 받아들였다는 것만으로도 하늘을 날 것만 같았다. 그녀가 내건 조건은 별 문제 없이 해결될 것이라고 생각했다.

그녀에게서 승낙을 받아낸 나는 부친을 찾아갔다. 내게서 결혼하겠다는 말을 들은 부친이 얼마나 좋아할까, 얼마나 지원해줄까, 그 생각만 했다. 하지만 그것은 엄청난 착각이었다.

내게서 결혼을 하겠다는 이야기를 들은 부친이 대뜸 한다는 말이 이랬다.

"그 동안 얼마나 모았냐?"

"예?"

모아 놓은 돈보다는 쌓인 빚이 더 많았던 나로서는 황당할 수밖에 없었다. 예상하지 못했던 부친의 태도에 잠시 당황했지만 나는 반드시 그녀를 내 신부로 맞아들이고 싶었다. 나는 부친에게 크게 양보하기로 했다.

"지금까지는 돈을 모으지 못했지만 앞으로는 열심히 살게요. 그러니 28평 아파트 하나면 사주시면 나머지는 제가 …."

내 말이 채 끝나기도 전에 부친 앞에 놓여 있던 찻잔이 내 이마를 향해 날아왔다. 미처 피할 틈도 없었다. 내 이마의 상처는 그렇게 해서 생겼다.

　나는 집에서 쫓겨났다. 부친은 결혼을 하든 말든 나보고 알아서 하라고 했다. 무릎을 꿇고 사정도 해보았지만 마치 벽에 대고 말하는 것만 같았다. 허탈한 심정으로 집을 나서는 내 가슴에 부친은 마지막 비수를 꽂았다.

　"인간 구실 하지 못할 것 같으면 이 집 문턱 넘을 생각은 꿈에도 하지 마! 넌 내 자식이 아니다!"

　아, 비정한 부정(父情)이여! 나는 집에서 버림받은 뒤 그녀에게 달려갔다. 그녀에게 위로를 받기 위해서였다. 그러나 내게 일어난 일을 전해 들은 그녀는 조금도 머뭇거리지 않고 앉아 있던 자리에서 일어섰다. 그리고 그녀는 내게 말했다.

　"뭐? 숟가락 두 개 가지고 시작하자고? 내가 미쳤어? 이제 보니까 완전히 깡통이구만." 그녀는 붙잡는 내 손길을 단호하게, 정말 소름이 끼치도록 차갑게 뿌리치고

제 갈 길을 갔다.

　나는 완전히 혼자가 된 것이었다.

　집에서 쫓겨나고 그녀에게 버림받은 뒤 며칠 간 무수한 소주병을 넘어트린 뒤에 나는 위대한 결심을 했다.

　'그래! 이제 내 힘으로 일어설 테다. 그래서 너보다 훨씬 더 괜찮은 여자와 결혼할 거야. 아버지, 나를 그렇게 내쳤지만 반드시 후회할 날이 올 겁니다.'

　그 결심은 정말 위대했다. 그리고 아무도 막을 수 없었다.

　나는 결심을 한 순간부터 떠나간 그녀보다 훨씬 괜찮은 여자와 결혼을 하고 그리고 부자가 되기 위한 첫걸음을 내디뎠다. 내가 디딘 첫걸음은 결혼에 필요한 자금을 계산하는 일이었다.

2 결혼에는 돈이 든다

 예식에 소요되는
비용? 나는 예식 비용은 계산에 넣지 않기로 했다. 내가
왕족이나 톱스타가 아닌 이상 세기의 결혼식(?)을 올리
지 못하리라는 것을 잘 알고 있기에. 따라서 주변에 결
혼식이 있을 때마다 열심히 축의금을 갖다바친 부친과
어머니에게 들어오는 축의금만으로도 예식 비용은 해결
이 가능할 것 같았다.

부조란 내야 하는 입장에서는 속이 부글부글 끓으면
서도 입가에는 억지로 미소를 띠어야 하는 일이지만 받

는 입장에서는 만세를 부르고 싶은 관습이었다. 오직, 딱, 받는 순간에만!

혼수? 그것 역시 내가 관여할 바가 아니다. 그렇다면 결혼을 위해 나는 살 집만 준비하면 될 일이었다. 바로 살 집!

부친의 성격을 감안하건대 이미 화려한 신혼을 기대하기는 틀린 일. 그렇다면 내가 준비할 수 있는 최선은 전세였다. 나는 서울에서 전세를 산다는 가정 아래에 계산을 해보았다. 자료를 조사해보니 서울의 평균 전세보증금은 평당 약 490만 원이었다.

나는 신혼부부의 가장 표준형이라고 할 수 있는 방이 두 칸에 거실 겸 주방 그리고 욕실이 딸린 전세를 염두에 뒀다. 그렇다면 실평수는 대략 13평 정도는 되어야 할 것이다. 아마 집주인들이 말하는 20평 정도는 되어야 내가 생각하는 집의 구조가 나올 수 있었다.

"음, 490만 원에 20을 곱하면…."

우와!

어림잡아도 1억 원은 있어야만 한다는 계산이 나왔다. 평균가격으로 계산한 것이니 생활환경이 좋은 강남 등 일부 지역은 이보다 갑절은 있어야 전셋집을 구할 수 있다는 계산이었다.

내가 가진 돈은 원룸 임대보증금 1,000만 원이 전부였다. 따라서 최소한의 조건을 준비하기 위하여 나는 앞으로도 9,000만 원이라는 돈을 마련해야만 했다.

9,000만 원을 마련하려면, 한 달에 100만 원씩 뚝 떼어 저축한다고 해도 7년 5개월이 걸렸다. 이자율이 높은 저축 상품을 선택하고 내 연봉이 올라 저축 액수를 늘인다고 해도 아무리 짧게 잡아도 5년 이상은 걸렸다.

5년 뒤면 내 나이 33살. 절망이었다. 부친이 의절을 선언하였기에 한푼의 도움도 기대할 수 없는 처지에서 내가 선택할 수 있는 방법은 많지 않았다. 평생을 독신으로 살거나 아니면 전세자금이 마련되었을 때 결혼을 하는 방법이었다. 이것도 그때 마침 결혼할 여성이 나타나고 전세가격이 현재의 수준을 유지한다는 전제가 있어야만 가능한 계산이었다.

그렇지 않다면 대출을 받아야만 했다. 회사에서 주는 전세자금 대출을 받거나 금융권을 활용하여 전세자금을 대출 받는 방법인데 이것 역시 결혼을 하기까지는 최소 2년 이상은 저축을 해야만 가능했다.

대부분의 전세자금 대출은 대출을 받는 사람이 절반을 부담하고 나머지 절반을 대출해주는 방식을 취하고 있었다. 따라서 보증금 1억 원의 전셋집을 구하려면 내가 4,000~5,000만 원은 가지고 있어야만 했다.

거기에 더욱 나를 우울하게 만든 것은 결혼 뒤에 다시 3년 이상 저축을 해야만 겨우 전세보증금 1억 원이 온전히 내 돈이 된다는 사실이었다.

　결혼을 2년 뒤에 하든지 아니면 5년 뒤에 하든지 간에 어쨌든 내가 하찮게 여기던 전세보증금 1억 원을 손에 넣기 위해서는 5년 동안 죽어라 하고 저축을 해야만 했다.

　부친은 일찍이 내게 이렇게 말했다.

　"빚은 빚을 낳는다. 따라서 잘살려면 절대 빚을 져서는 안 된다."

　내가 부친의 말 중에서 신뢰하는, 몇 안 되는 말 중의 하나였다. 그만큼 어렸을 때부터 귀에 못이 박히도록 들었다. 이제는 세뇌가 되었는지 나는 그 말을 당연한 진리라고 여기고 있었다.

　아! 나는 그때서야 짠돌이라고 불리는 대학 동창 녀석들의 깊은 뜻을 이해하게 되었다. 왕소금이라고 불리는 회사 동료의 처신이 얼마나 현명한 것이었는지도. 직장 혹은 학교 선배들이 결혼을 앞두고 대출을 알아보기 위해 이리저리 뛰어다니고, 입술이 바짝바짝 타들어 가는 것을 보면서도 나는 현실을 깨우치지 못했던 것이다. 어리석게도 나는 모아 놓은 돈보다 쌓인 빚이 많은 처지이지 않은가!

2003년 8월말 현재 서울지역의 평균 전세가격은 평당 490만 원으로 조사되었다. 처음 얻는 전셋집을 20평 정도로 잡는다면 적어도 9,800만 원은 준비가 되어야만 대출금 없이 결혼생활을 시작할 수 있다는 계산이 나온다. 남성의 결혼 적령기를 28~32세로, 취업한 지 2년에서 3년이 지난 것으로 설정하면 아무리 알뜰하게 저축을 했다고 하더라도 전세보증금의 절반 정도는 대출을 받아야 한다. 전세보증금의 절반 정도를 대출 받았다고 가정했을 때, 매월 100만 원 이상 저축을 해도 상환하는 데에는 3년 이상이 걸린다. 이것 역시 전세가격이 불변이라는 가정 아래 계산이다.

부모에게 도움을 기대하기 힘들고 재테크에도 출중한 재능을 갖고 있지 못한 것이 우리 주변의 보통 사람들이다.

그렇다면 당신의 선택은?

달리 방법이 없다. 하루라도 일찍 시작하는 수밖에!

나는 결혼과 동시에 채무자가 될 수밖에 없는 처지였다. 아니, 이런 상태라면 결혼 자체가 불가능했다. 떠나간 그녀처럼 강남의 28평 아파트 이상은 요구하지 않더라도 어느 여인이 빚을 짊어지고 결혼하려는 나를 선택할 것인가? 나는 이미 쓰라린 실연의 아픔을 통해 사랑에도 돈이 필요하다는 것을 잘 알고 있었다.

　내 현실은 생각보다 암울했다. 누구나 하는 결혼으로 알았는데 막상 계산을 해보니 아무나 할 수 있는 결혼이 아니었던 것이다. 하지만 이대로 포기하고 말기에는 나는 내 자신을 너무 사랑했다. 나도 다른 사람들처럼 가정을 꾸리고 알토란 같은 자식을 낳고 행복하게 살아갈 권리가 있기에. 나는 현실을 타개하기 위해 두 가지 지침을 세웠다. 내 지침은 이랬다.

"
1. 부친의 자린고비 정신을 본
받고 철저하게 실천한다.
2. 결혼 자금을 마련하기까지는 절대
로 사랑을 하지 않겠다. **"**

　하지 않으려고 해서 탈이지 마음먹으면 왕성한 실천력을 자랑하는 나였다. 나는 두 가지 지침을 즉각 실천에 옮겼다.

3 뚜벅이족으로
새 출발!

일을 많이 해서
돈을 많이 번다? 요즘 'Two Job' 이 언론에 많이 보도
되고 있지만 그것은 현실과는 동떨어진 말이었다. 특히
나와 같은 평범한 새내기 직장인에게는 그랬다.

월요일부터 금요일까지, 회사에서는 한시도 빈틈을
주지 않았다. 자는 시간을 빼면 하루의 거의 대부분은
회사 업무를 하거나 회사 업무와 관련된 일을 해야 했
다. 출퇴근 시간도 회사 업무의 연장선이라고 보면 정말
잠자는 시간 이외에는 개인적으로 쓸 수 있는 시간이 없

었다.

그렇게 죽을둥 살둥 충성을 해도 번번이 일 못 한다고 깨지고, 어느 인간이 매긴 성적표에 의해 결정되는지는 알 수 없지만 초라한 연봉을 보고 한숨을 내쉬어야 하지 않는가?

그래도 조직 내에서 살아 남은 자들은 행복하다. 해마다 소리 소문 없이 책상을 빼는 선배나 동료들을 보면 나도 모르게 저절로 으스스해지지 않던가. 그럴 때마다 나는 다짐했다. 분골쇄신의 각오로 회사에 충성을 다 바치겠노라고.

상황이 이렇기에 'Two Job' 은 엄두도 낼 수 없었다. 그렇다면 저축을 늘리기 위해서는 지출을 줄여야만 했다. 나는 지출을 줄여 내 수입의 절반 이상을 저축하기로 했다. 계산하면 매월 100만 원 이상이었다.

나는 먼저 지출 현황부터 파악하기 시작했다. 원룸의 임대료는 손댈 수 없는 내역이었다. 그녀를 만난 뒤로 작업을 하지 않았기에 줄일 유흥비는 없었다. 그녀와 헤어진 뒤에 지출해야 할 데이트 비용도 없었다.

'더 줄일 게 없을까…?'

그 순간 나는 애마를 떠올렸다. 애마는 지난 1년간 내 품위를 지켜주었다. 애마가 있었기에 숱한 작업을 성공적으로 마무리 지을 수 있었다. 하지만 애마는 내 지출의 많은 부분을 차지했다. 내가 목표로 정한 매월 100만 원 이상 저축하려면 애마를 가진 상태에서는 불가능했다.

나는 애마를 36개월 할부로 구입했다. 그렇기에 매달 35만 원 가량을 할부금융회사에 갖다 바쳐야 했다. 애마를 먹이는 데 드는 비용도 만만치 않았다. 치솟은 기름값으로 인해 월 평균 20만 원 이상이 들었다. 주말에 서울을 두어 번 벗어나면 여기에 10만 원 정도는 더 얹어야만 했다. 운전 실력은 감안하지 않고 무작정 미혼에 나이가 어리다는(?) 이유로 매겨진 보험금도 한 달 평균 15만 원 정도가 들었다. 여기에 애마가 있기에 필수적으로 들어가는 주차요금, 정비와 세차 등 품위 유지비를 계산하면 애마로 인해 한 달에 거의 100만 원을 지출하고 있었다.

읍참마속(泣斬馬謖)이라!

나는 눈물을 머금고 나와 함께 화려한 한 시대를 풍미했던 애마를 팔기로 결정했다.

애마를 떠나보내는 것으로 나는 총력 저축에 나설 수 있는 모든 준비를 마쳤다.

이제는 저축을 해야 할텐데….

세상에! 나는 내 자신에게 실망하고 말았다. 내가 알고 있는 금융상품은 단 하나도 없었다. 어디선가 많이 들어서 비과세우대저축 등등의 말이 머릿속에서 잡힐 듯이 떠돌아다니기는 하는데 딱 '이것이다'라고 선택할 수는 없었다.

당연한 일이었다. 지금까지 내가 스스로 만든 통장은 단 하나도 없었다. 초등학교 때 매월 얼마 되지도 않던 코 묻은 돈을 넣던 새마을금고 통장은 학교에서 일괄적으로 만들어준 것이었다. 입사한 뒤에 급여 통장으로 만든, 동시에 신용카드 결제 계좌도 그럴 필요가 없었으면 만들지 않았을 것이다. 분명히!

어디에 저금을 할 것인가? 나는 인터넷에서 각 금융기관의 사이트를 넘나들며 금융상품을 공부(?)하기 시작했다.

이것은 정말 공부의 영역에 속했다. 금융기관별로 내놓은 상품들이 다 비슷비슷한 것 같지만 사실은 조금씩 차이가 났다. 한푼이라도 더 모으기 위해서는 숨겨진 1mm를 찾아내는 것은 필수! 부친의 말대로 하루 종일 땅을 파도 100원도 나오지 않는 것이 현실이지 않던가(나는 부친이 이 말을 할 때마다 속으로 비아냥거렸다. 땅을 파면 돈을 주는 공사장에 가면 100원이 아니라 그 100배, 500배 이상의 돈을 벌 수 있지 않은가. 하지만 자기 돈을 '꿍칠' 때에는 이 말은 진리라는 것을 깨달았다)?

첫 단추를 잘 끼우는 것이 중요하다. 사회초년생에게도 재무계획이 필요하고 반드시 필수가 되어야 할 금융상품 이 있다.
사회초년생이 우선 염두에 두고 준비해야 할 금융상품으 로는 다음과 같은 것들이 있다.

결혼자금 마련과 관련된 금융상품으로는 정기적금과 장 기주택마련저축, 신탁 등이 있다.
내 집 마련과 관련된 금융상품의 답은 하나다. 꼭 청약통 장(청약저축. 청약부금. 청약예금)을 한 계좌 소유하는 것 이다. 이상 두 가지는 사회초년생이라면 반드시 갖춰야 할 금융상품이다.
이 밖에 위험 관리 금융상품으로는 종신보험, 건강보험, 상해보험 등 각종 보험이 있으며 먼 이야기로 들리지만 은퇴 후 계획으로는 적격연금(은행권의 연금신탁, 보험권 의 연금보험, 투신권의 연금펀드)과 비적격연금(연금보험, 장기저축성보험)이 있다.

치열한 공부를 통해 내가 세운 저축 원칙은 두 가지 였다.

1. 내 수입의 절반 이상을 저축한다.
여기서 말하는 수입이란
회사에서 주는 돈 이외에 공짜로
얻었다고 생각되는 환급금이나
심지어 세뱃돈에 이르기까지
내 주머니에 들어오는
모든 수입을 말한다.

2. 잘 키운 자식 하나 열 아들 안 부럽다는 말은 재테크의 진리이다. 거래 은행과 계좌를 하나로 만든다. 적어도 은행이 문을 닫는 천재지변이 일어나지 않는다면 은행은 우수 고객에게 각종 혜택을 주고 어떤 일이 기다리고 있을지 모르는 긴 인생을 살아가면서 든든한 반려자가 되어 준다. 단, 순간의 선택이 평생을 좌우하는 것은 이 경우에도 마찬가지이다. 눈에 띄는 아무 은행이나 선택할 정도로 경솔한 사람이라면 돈을 모으기란 낙타가 바늘구멍 들어가는 것만큼 힘들 것이다.

4 사랑은 교통사고

 세상일은 마음먹은 대로 이뤄지지 않는다? 이건 틀림없는 사실이다. 세상일이 마음먹은 대로 이뤄지면 이 세상에 고민, 걱정이 있겠는가? 고민과 걱정이 없는 세상이 만들어지는 꼴은 절대 볼 수 없다는 듯, 기어코 원하는 것과는 반대로 되는 것이 현실이다.

사실 마음먹은 대로 일이 착착 이뤄지는 경우는 흔치 않다. 나만 보더라도 그렇다. 마음먹은 대로 일이 이뤄지기보다는 제발 그렇게 되지 않기를 희망하는 쪽으로

일이 되어간다. 하물며 사랑 문제까지도 그랬다.

　살아오면서 가장 큰 수모를 당한 이후 나는 굳은 결심을 했었다. 결혼자금을 마련하기까지는 절대로 사랑을 하지 않겠노라고. 그런데 그 결심을 지키는 일도 쉽지는 않았다. 그 수모를 당한 지 채 6개월이 지나지 않아서 내 눈길을 잡아끄는 한 여성을 만나게 되었으니….

　그녀의 이름은 한움큼이었다. 나이는 나보다 한 살 많은 29살. 조그만 광고기획사의 디자이너가 그녀의 직업이었다.

　외모? 그것은 뭐라고 말할 수가 없다. 처음 보았을 때, 나는 그녀의 단아한 아름다움에 빠져들었다.

　하지만 떠나간 그녀를 기억하고 있는 친구들은 한움큼을 본 뒤에 의외라는 반응을 보였다. 하지만 이 부분은 이론의 여지가 많다. 원래 아름다움의 기준은 다분히 주관적인 판단이 작용할 수밖에 없는 것이 아니던가!

　한움큼의 성격은 떠나간 그녀와는 확실히 많이 달랐다. 떠나간 그녀가 화통하고 화려한 성격이라면 한움큼은 약간은 내성적이

었다. 하지만 쌀쌀하기로 따지자면 한움큼을 따라갈 여
성도 많지 않았다. 한때 작업이라면 선수급에 속하던 나
도 한움큼에게는 말조차 붙이기 쉽지 않았으니까.

　한움큼을 만나게 된 것도 우연이라고밖에는 할 수 없
다. 나는 애마를 보낸 뒤에 지하철로 출퇴근을 시작하였
는데, 한움큼과 나는 출근시간이 같았다. 그러니까 아주
고전적이다 못 해서 약간은 촌스러운 만남을 갖게 된 것
이었다.

　처음에는 한움큼에게 별다른 관심을 보이지 않았다.
그럴 수밖에 없는 것이 나는 막 새로운 인간으로 거듭
태어나고 있던 무렵이었으니까. 그런데 하루, 이틀, 일
주일, 한 달 동안 출근길마다 부딪치게 되면서 어느 순
간부터 그녀에 대하여 궁금한 것들이 생기기 시작했다.
그리고 어느 사이에 그녀를 그리워하고 있는 나를 발견
하게 된 것이었다.

　내가 한움큼을 그리워하고 있다는 것을 깨달은 순간
부터 나는 햄릿 이상의 고민을 하게 되었다. 사랑을 쫓
을 것인가 아니면 내 굳은 결심을 지킬 것인가, 바로 그
것이었다. 결혼 준비를 하지 않은 상태에서 하는 사랑이
얼마나 큰 상처를 남기는 지 생생하게 기억하고 있었던

나로서는 한움큼에게 마음을 열기가 쉽지 않았다.

한편으로 이렇게 시간을 보내다가 한움큼이 누군가에게 '픽업'을 당한다면? 그런 생각을 할 때마다 나는 초조와 긴장 속에서 시간을 보내야만 했다. 그렇게 결정을 내리지 못하고 시간만 보내고 있던 중이었다.

금요일 퇴근길에 들른 지하철역 출입구 근처 은행의 현금인출기 코너에서 나는 한움큼을 만나게 되었다. 처음으로 출근길이 아닌 시간에, 단 둘이 만난 것이었다.

나는 주말을 앞두고 그 주에 사용하고 남은 용돈 중에서 1만 원 권을 입금시키기 위해서 들른 것이었다. 주머니에 돈이 들어 있으면 공연히 딴 생각만 나게 되고, 딴 생각을 하다보면 자연히 쓰게 되어 있다.

주머니에 돈이 있으면 쓰게 되어 있다. 이것은 진리이다.

나는 주말이 시작되기 전, 금요일 밤이면 지갑 속에 남은 돈 중에 1만 원 권은 깡그리 입금시켰다. 그런데 대부분 돈을 빼기 위해 찾는 은행의 현금인출기 코너를 나와 똑같은 이유로 찾은 사람이 있었다.

바로 한움큼이었다.

나만큼 독하게 살아가는 사람이 있다니!

동질감은 마음을 여는 출발점이었다. 나와 한움큼은 서로 비슷한 구석이 있다는 것을 발견하고 서로에게 마음을 열었다. 그 날

한움큼과 나는 잔돈을 털어 근처 편의점 파라솔 밑에 마주앉았다.

　나와 한움큼은 편의점에서 아르바이트하는 직원들의 눈총을 무시하고 컵라면을 저녁 겸 안주 삼아 소주 두 병을 비웠다. 그 자리에서 나와 한움큼은 '어떻게 하면 아껴서 잘살 수 있는가'라는 주제를 가지고 밤이 늦도록 많은 이야기를 나눴다.

　이것이 나와 한움큼의 사랑의 시작이었다. 그 후 나와 한움큼은 아침 출근길에 만나면 서로 인사를 나누는 사이가 되었고 조금 더 시간이 지난 후에는 퇴근 뒤에 따로 시간을 정해 만나는 사이가 되었다.

　물론 한움큼이 정하는 약속 장소는 언제나 지하철역 몇 번 출구 앞 아니면 지하철역 앞 편의점 파라솔 밑이었다.

그리고 몇 개월이 지났을 때 나와 한움큼은 서로의 재테크 방법에 대하여 충고를 서슴지 않고 하는 사이가 되었고 다시 얼마가 지난 뒤에는 손을 잡고 다니는 사이가 되었다. 모든 연인 사이는 손을 잡기까지가 힘들다. 손을 잡은 이후에는 급속도로 진도가 나아가게 마련이다. 한움큼도 그 점에서는 다른 여인과 다를 바 없었다. 손을 잡은 지 불과 얼마 지나지 않아서 나와 한움큼은 연인이 되었다.

결혼 비용을 마련하기까지 사랑을 하지 않겠다던 내 맹세는 그렇게 깨어졌다. 맹세는 깨어졌지만 내가 안타까워 할 필요는 없었다. 한움큼! 그녀로 인해 나는 혹독한 훈련과정을 거쳐야만 했기에….

그러니까 맹세 때문에 한움큼에게 다가서지 못하고 망설였던 것은 정말 아무 쓸모 없는 고민과 망설임의 시간이었던 것이다.

5 그녀는 절대고수였다

 한움큼은 고수였다. 내가 고작 6개월 남짓 자린고비 생활을 실천한 데 비해 한움큼은 무려 7년 동안 한결같이, 변함 없는 생활을 하고 있었다. 내가 이런 말을 하면 "뭘 그까짓 걸 가지고…" 라고 말하는 사람이 있을 지도 모른다. 하지만 알 만한 사람들은 안다. 그리고 누구보다 해본 사람이라야만 알 수 있다. 6년을 하루같이 그렇게 사는 것이 보통 일이 아니라는 것을. 사실 나는 6개월 남짓, 뼈를 깎는 자린고비 생활을 하면서도 숱한 고비를 넘겼다. 과거

화려했던 시절을 생각하고 당장 때려치우고 싶은 유혹을 느낀 적이 한두 번이 아니었다. 이건 사람이 할 짓이 아니다라고 자조한 적도 한두 번이 아니었다. 그런데 한움큼은 아무렇지 않게 6년 동안 그렇게 살아온 것이었다.

사실, 이 부분은 오해의 소지가 있다. 한움큼이 나보다 특별히 의지가 굳거나, 그런 것은 아니라는 뜻이다. 내가 쓰라린 경험을 통해 환골탈태하였다면 한움큼은 천성적으로 그런 생활을 할 수 있는 자질을 갖추고 있었다. 나중에 한움큼의 집을 방문한 뒤에 나는 그 사실을 이해하게 되었다.

내가 한움큼에게 과거를 고백한 적이 있었다. 부친의 성격상 나중에 한움큼에게 예전의 그녀 이야기를 하지 않을 리도 없거니와 혹시라도 내가 빈털터리라는 것을 확인한 한움큼이 떠나가는 것을 사전에 방지하기 위한 포석이었다.

나는 그 고백을 하기 위하여 예전의 그녀와 헤어진 뒤로 회사의 회식 자리가 아니면 가지 않았던 호프집을 찾아 제법 그럴 듯한 분위기를 연출했다. 그리고 사뭇 비장하고 슬픈 표정으로 고백을 끝냈을 때였다.

한움큼이 대뜸 내게 물었다.

"신용에는 문제가 없는 거지?"

내가 고개를 끄덕이자 한움큼은 가슴을 쓸어내리며 말했다.

"하늘이 도왔네. 그렇게 살고도 신용불량이 안 된 걸 보면. 그

쯤에서 끝났기를 천만 다행이네."

한움큼은 나중에 내게 말했다. 그때 내 말을 들으면서 정말 놀랬다고. 모처럼, 정말 몇 년 만에 결혼을 해볼까 생각하는 남자가 생겼는데 신용불량이었다면 굉장히 억울해 했을 거라고. 그것도 예전에 만난 여성과의 데이트 비용 지출로 그런 지경에 처했다면 억울해서 잠도 이루지 못했을 것이라고.

만약 내가 한움큼의 우려대로 그런 지경에 처해 있었다면? 한움큼의 대답은 아주 간단했다.

"내가 왜 자기 생활 하나 컨트롤 못 하는 사람과 살면서 속을 썩여야 해? 능력이 조금 떨어지는 것은 평강공주가 되었다 생각하고 살아갈 수 있지만 낭비벽은 나랏님도 못 고치는 병인데 내가 어떻게 살아?"

한움큼의 말을 듣고 나는 입을 굳게 다물었다. 그 정도까지 얘기한 것을 천만 다행으로 여기면서. 만약 더 깊은 사정 그러니까 폼생폼사를 좌우명으로 삼고 살아가던 내 지난날을 이야기했다면 그 날, 그 자리에서 한움큼에게 잘릴 뻔했다!

공무원이나 대기업에 다니는 사람이 아닌, 중소기업에 다니는 평범한 여성 직장인이 한움큼과 같이 직장생활 6년차에 이르면 7,000만 원 이상을 마련할 수 있을까? 충분히 가능하다. 월 평균 90만 원을 저금한다면, 6년이 지난 뒤에는 한움큼과 같은 돈을 확보할 수 있다.

돈을 모으려면 처음부터 은행 상품 선정에도 신중해야 한다. 1년을 목표로 한다면 상호저축은행의 1년제 신용부금이나 정기적금이 맞춤이다.

이 상품들의 장점은 다음과 같다.

1. 은행권의 같은 만기 1년짜리 상품보다 2% 정도 높은 수준의 금리를 받을 수 있다.
2. 세금우대가 가능하다.
3. 한 곳의 금융기관에 1인 1계좌에 한하여 5,000만 원까지 예금자 보호법의 보호를 받을 수 있어 안정성도 보장된다.

만약 금리 6% 상품으로 매월 90만 원씩 1년을 납입하면 납입원금이 10,800,000원이고 이자금액이 351,000원이 된다. 여기에 10.5%의 이자소득세만 부담하는 세금우대로 가입한다면 이자소득세 36,850원을 공제해도 실제 수령액이 11,114,150원이 된다. 이렇게 6년을 모으면 간단히 약 6,600만 원을 모을 수 있다.

만기 목표를 3년 이상으로 잡으면 근로자우대저축과 상호저축은행의 신용부금, 정기적금을 함께 활용하는 것도 방법이다.

비과세상품인 근로자우대저축은 연소득 3,000만 원 이하의 근로자라면 누구나 가입이 가능하며 이자소득세(이자금액의 16.5% 부담)가 면제된다. 하지만 근로자우대저축은 납입한도가 분기당 150만 원으로 제한된다. 월 평균 50만 원씩 넣을 수 있다는 뜻이다. 근로자우대저축에 가입하여 3년이 지나면 각 은행의 평균금리인 5.35%로 3년을 매월 50만 원씩 납입하였을 때 납입 원금이 18,000,000원이 된다. 여기에 이자금액이 1,564,861(비과세)원이므로 만기해지금액은 19,564,861원이 된다.
저축 목표 액수 90만 원 중 나머지 40만 원은 상호저축은행의 신용부금이나 정기적금을 활용한다.
6% 이율에 3년간 40만 원씩 납입한다면 납입 원금이 14,400,000원에 이자금액이 1,332,000원이며 여기에서 이자소득세 219,780원을 빼면 만기금액이 15,512,220이 된다.
근로자우대저축과 신용부금이나 정기적금을 활용하여 3년 동안 꾸준하게 저축하면 3,000만 원 이상을 확보할 수 있다는 계산이 나온다.
여기에 만기 해지한 돈을 찾지 않고 보다 이율이 높은 금융상품에 정기예금 형식으로 저축해두고 또한 처음과 같이 수입의 60%를 저축한다면 직장생활 만 6년이 넘으면 7,000만 원 이상의 목돈을 확보할 수 있다.

어쨌든 한움큼을 고수라고 부를 수밖에 없는 까닭이 있다. 슬슬 미래 설계와 재정 설계를 각자가 아닌, 나와 한움큼을 묶어서 생각하게 될 즈음에 나는 그녀의 저축 액수를 알고 기절할 뻔했다. 내가 목표로 삼았던 그 액수에 한움큼은 이미 거의 도달해 있었던 것이다.

한움큼은 조그만 광고기획사의 디자이너이기에 연봉이 많지 않았다. 물론 성과급, 상여금도 많은 편이 아니었다. 그런데 한움큼은 벌써 7,000만 원 이상의 저축 예금을 가지고 있었다.

한움큼이 처음 직장생활을 시작할 때의 연봉은 1,500만 원 정도였다고 한다. 한움큼은 수입의 60% 이상을 무조건 저축하였다고 한다. 그리고 나머지 돈으로 생활을 한 것이었다. 한움큼 역시 처음 1년 동안 기를 쓰고 모은 돈이 1,000만 원이 되지 않자 실망을 한 적도 있다고 했다. 하지만 다시 한 번 마음을 다져 먹고 꾸준히 수입의 60% 이상을 저축하고 여기에 점차 이자 수입이 늘어나면서 직장생활 6년 만에 7,000만 원을 손에 넣을 수 있었다.

목표를 이루기까지 한움큼은 교통비와 총수입의 15% 안쪽인 카드 결제 금액(카드 결제 금액은 직장생활을 하기 위해 꼭 필요한 옷 등의 구입비용과 학원 수강 비용으로 사용되었다. 그러니까 한움큼은 직장생활을 하는 데 꼭 필요한 자기 개발 비용에만 신용카드를 사용한 것이다)과 핸드폰 요금 그리고 약간의 용돈 이외에는 모두 저축을 한 것이었다.

　나는 한움큼의 이야기를 듣고 돈을 불리는 방법 중에서 가장 중요한 것을 알게 되었다. 그것은 하루라도 일찍, 빨리 시작하는 것이 중요하며 또한 처음 결과에 낙담하지 않고 꾸준히 하는 것이 더욱 중요하다는 사실이었다. 음식점에 걸린, 흔히 볼 수 있는 성경 구절도 있지 않던가? 비록 네 시작은 미약하였으나 끝은 장대하리다 라고.

6 때늦은 후회

 나와 한움큼의 사랑은 깊
어만 갔다. 어느덧 하루라도 보지 않으면 하루 일과 중에 중요한
무엇인가를 빠뜨린 것만 같은 느낌이 들 정도가 되었다. 그 정도
로 나와 한움큼은 거의 매일같이 만났다. 물론 매일같이 만났다
고 해서 데이트 비용이 든 것은 아니었다. 나와 한움큼은 거리를
걸으면서 이야기를 했고 차는 자판기 커피로 대신했다. 가끔 화
려한 저녁을 먹을 때가 있었는데, 그때 조리를 하고 식사를 하는
장소는 어김없이 내가 사는 원룸이 되었다.

그렇다고 우리의 데이트가 항상 빈한했던 것만은 아니었다. 주

말이면 무박 2일 코스의 기차여행을 가거나 아침 일찍 버스터미널에서 만나 서울에서 3시간에서 4시간 거리에 있는 명승지에 도착하여 구경을 하고 밥 한 그릇 사먹고, 기분이 좋으면 술 한잔까지 곁들인 뒤에 오후에 돌아오곤 했다. 그러니까 돈을 쓰지 않는다고 해서 그 데이트가 싱겁거나 재미없을 거라는 상상은 금물이다. 진실로 나는 한움큼과의 만남을 통해 '가난한 연인들의 행복'을 터득한 것이다.

우리의 데이트가 6개월 정도 계속되었을 때였다. 데이트를 끝내고 헤어지기 전에 뜻밖에도 한움큼이 먼저 내게 프로포즈를 했다.

"매일 이렇게 만났다가 헤어지는 것도 낭비다. 그지?

같이 살면 헛되게 돈을 들이지 않아도 될텐데."

나는 한움큼의 그 말을 청혼으로 받아들였다. 훗날 매일 같은 침대를 사용하게 된 이후 싸움을 할 때마다 나와 한움큼은 이 말의 해석을 달리하며 언쟁을 벌였지만.

같이 살기로 결정한 뒤에 나와 한움큼은 자연스럽게 서로의 재무 상태에 대하여 낱낱이 밝히는 자리를 가졌다. 이야기를 시작하기 전에 한움큼은 솔직하게, 숨김없이 밝히자는 조건을 걸었다. 나는 거기에 과거의 일을 가지고 실망하지 말자는 조건을 붙였다.

그 자리에서 나는 한움큼이 직장생활을 시작한 지 6년이 넘어서 7,000만 원이 넘는 돈을 모았다는 사실을 알게 되었다. 다음은 내 차례였다.

"나는 원룸 보증금 1,000만 원이 전부야."

"정말, 달랑 그거야?"

나는 고개를 끄덕였고 한움큼은 입에 거품을 물기 직전이었다. 하지만 내 말은 틀림없는 사실이었다.

집안 출입을 금지 당하고 예전의 그녀와 헤어진 뒤로 열심히 '왕소금'의 생활을 실천한 것은 사실이었다. 하지만 그렇게 1년 동안 모은 돈은 그 동안의 빚을 해결하는 데 썼다. 신용카드 대금, 할부금융 회사에 낸 돈 등등. 내게는 빚을 갚아 '0' 상태를 만드는 것도 저축이었다.

과거의 일 때문에 실망하지 말 것을 조건으로 단 것은 확실히 현명한 처신이었다. 한움큼은 약속 때문에 할 수 없이 나와의 결혼을 준비해야만 했다. 한움큼은 어쩔 수 없이 상황을 받아들이면서 내 가슴에 대못을 박는 이야기는 잊지 않았다.

"천만 씨는 그 동안 뭘 한 거야? 남들은 천만 씨 같은 조건이면 집을 사서 결혼을 하는데 빈털터리잖아? 그렇다고 천만 씨가 회사에서 인정받는 직원이 되기 위해서 일만 하느라고 돈을 모으는데 관심을 가질 틈이 없었던 것도 아니고 자기 개발에 충실했던 것도 아니잖아. 그럼 도대체 그 동안 뭘 한 거야?"

내 성격대로 한다면 "나 그 동안 건달로 살았다. 어쩔래?" 했겠지만 그 자리에서는 입 다물고 가만히 있는 것이 최선의 방책이었다. 왜? 그런 수모를 감수하면서도 한움큼과 함께 살고 싶었으니까. 물론 지금이라면 절대로 그런 말을 듣고 참지 않았을 것이 분명하지만.

누구나 알고 있는 것처럼 신혼생활을 내 집에서 시작하는 것과 전세나 월세로 시작하는 것과는 많은 차이가 날 수밖에 없다. 입사 초기부터 재테크에 관심을 가지고, 계획을 세워 열심히 살았다면 결혼 직전에는 작기는 하지만 내 집을 마련할 수 있다.

그것이 가능하냐고? 절대로, 불가능하지 않다. 직장생활을 3년 정도 했으며 연봉 2,500만 원 안팎인 직장인이 수입의 60% 이상을 저축했다고 하면 3년 뒤에 자기 수중에 약 5,000만 원을 확보할 수 있다. 여기에 배우자 역시 직장생활을 하여 혼수 비용을 제외하고 2,000만 원 이상을 내놓을 수 있다면 약 7,000만 원이 된다. 결혼을 앞두고 단기 회전자금을 2,000만 원 정도를 동원할 수 있다면 서울 인근의 18평형 아파트나 22평형 연립주택에서 신혼생활을 시작할 수 있다. 하지만 누구나 이와 같이 될 수 있는 것은 아니다. 어쨌든 직장생활 3년차의 직장인이 내 집 마련을 하여 결혼생활을 시작하기까지는 몇 가지 조건이 있다.

첫 번째는 돈을 모으는 동안 저축을 하기 위해서는 가능하면 독립을 하지 않고 본가에서 살아야 한다. 섣불리 독립을 하게 되면 거기에 따른 주거비용과 생활비 등으로 저축을 하기 힘든 것이 현실이다. 두 번째는 배우자의 역할도 중요하다. 만약 직장생활을 착실히 한 배우자라면, 혼수 비용을 줄여서라도 내 집 마련에 보태는 것이 좋다. 혼수에 들어간 비용은 시간이 지날수록 감가상각 되는 비용이지만 내 집 마련에 들어간 돈은 가치가 없어지지 않기 때문이다.

세 번째는 무리하게 금융비용을 지불하면서 내 집에서 결혼생활을 시작하는 것에 집착하면 오히려 '독'이 될 수도 있다. 이럴 경우에는 목표로 하는 주택을 낮춰 잡아야 한다.

하지만 아직 실망하기는 일렀다. 나와 같은 배를 타고 항해를 하게 될 한움큼에게는 다행스럽게도 저축한 돈이 있지 않은가?

결혼을 하면서 빚을 질 수는 없는 일! 나는 잠시 고민하던 끝에 스타일을 버리기로 했다. 나는 내가 생각한 것을 미래의 아내인 한움큼에게 말했다.

"그럼 우리 서울 인근 도시에 연립주택이나 조그만 아파트에서 일단 시작하고 나중에 돈을 모아서 서울에…"

"우리가 가진 돈으로 어떻게?"

"움큼 씨 돈 있잖아?"

"내가 가진 돈 중에서 절반은 아빠에게 갚아야 할 돈이야. 우리 집안은 부모가 전적으로 책임지는 것은 유치원과 초등학교까지이고 중ㆍ고등학교와 대학 다닐 때 부모님이 주신 돈은 반씩 부담하는 것으로 계산해서 독립할 때 갚아야 해. 그것이 우리 집 원칙이야."

"뭐라고? 그게 정말이야?"

"정말이지 않고. 언니들이나 오빠도 다 그렇게 했어."

나는 한움큼의 말을 들으면서 기절할 뻔했다. 계산은 처음부터 어긋나기 시작한 것이었다.

그 동안 저축이나 결혼 준비 정도를 따지자면 나는 한

움큼에게는 할 말이 없는 처지였다. 나는 암담한 심정으로 한움큼이 제시하는 결혼 계획을 듣고 있었다.

나의 지난날을 후회하면서….

한움큼이 내게 제시한 결혼 준비의 원칙은 이랬다.

우선 주택자금대출관련 통장에 가입한다. 주택자금대출관련 상품의 대부분은 독립세대주에게만 대출자격이 주어지므로 내가 만들어야만 한다. 또한 일정기간이 지나야 대출자격이 주어지기에 대출자격은 빨리 만들어 놓는다.

가입자격을 세대주로 한정한 금융상품 중 세금우대 혜택이나 이자소득세에 대한 전면 비과세 혜택을 주는 상품에 가입한다.

숟가락 두 개 가지고 시작할 수는 없지만 혼수는 가능하면 최대한 줄이고 아껴 재테크에 사용한다.

마지막으로 '인생에 단 한 번뿐인데, 남들이 하는 건 다 해야지' 라는 생각을 버리고 '목돈 마련을 위한 두 번 다시없는 기회' 라는 마인드를 가진다.

그 날 나는 한움큼에게 내일 아침이 밝으면 당장 주택청약 관련 통장에 가입하겠다고 몇 번이나 약속을 한 뒤에서야 집에 돌아올 수 있었다.

7 결혼을 앞둔 마음가짐

 먼저 인사를 온 것은 한움큼이었다. 거의 1년 만에 찾아왔건만 부친은 그때까지도 나에게 화가 나 있었다. 마치 내게 무슨 볼 일이 있어서 문턱을 넘었냐는 표정이셨다. 만약 내 뒤에 한움큼이 서 있지 않았다면 "그 동안 인간 됐냐?" 하고 물어보셨을 것이다.

부친은 한움큼에 대해서도 호의적이지 않았다. 부친은 처음 보는 처녀에게 면박을 줄 수는 없는 노릇이라는 생각을 하셨는지 이렇다 저렇다 말씀이 없으시고 입을

굳게 다물고 계셨다. 결혼 이야기가 나왔을 때, 어머니는 반가워서 한움큼에게 이것저것 물어보셨지만 부친은 끝내 입을 열지 않으셨다.

부친이 나와 한움큼에게 인사를 받은 뒤에 유일하게 하신 말씀은 이것이었다.

"결혼 준비는 너희들이 알아서 해라."

다시 말해서 한푼도 도와줄 수 없다는 뜻이었다. 어머니는 안타까워서 어쩔 줄 몰라했지만 나는 그렇게 끝난 것만으로도 다행스러웠다. 만약 한움큼이 부친 눈에 차지 않았으면 그 자리를 박차고 일어났을 것이 분명했기에. 1년 전, 그 사건은 이처럼 내게 깊은 상처를 남겼다.

우리 집에 인사를 마친 뒤에 한움큼의 집에 찾아갔다. 한움큼의 집에 가기 전에 나는 자식들에게 대준 학비를 투자비 명목으로 회수하는 미래의 장인에 대하여 대충 짐작은 하고 있었다. 장인은 내 짐작에서 조금도 어긋나지 않았다. 바늘로 찔러도 피 한 방울 안 나올 것 같다는 말은 장인을 위해서 만든 말이라는 느낌이 들 정도였으니 말이다. 장인은 마포 일대에서 지독하기로 소문이 자자한 부친에 비해서 조금도 뒤떨어지지 않았다. 거기에 한움큼의 어머니 그러니까 미래의 장모 역시 장인 못지 않게 깐

깐하고 지독할 것 같았다.

　인사를 갔을 때만 해도 우리 집에서는 한움큼에게, 한움큼의 집에서는 내게 불만이 있다는 것을 느낄 수 있었다. 하지만 사돈끼리의 인사를 통해 그런 감정은 순식간에 사라졌다. 끼리끼리는 서로를 알아본다고 했던가? 부친과 장인, 장모는 한눈에 서로 어떤 사람인지 알아보았다. 인사를 마치고 나올 때였다. 어머니가 사돈들이 너무 지독해 보여 꺼림칙하다고 하자 부친은 단번에 그 말을 가로막았다.

　"무슨 소리야! 그 녀석이 그래도 집안은 제대로 골랐네."

　결혼을 승낙 받았지만 나와 한움큼이 허락받고 한 침대를 쓰기 위해서는 아직도 넘어야 할 산이 많았다.

　양가 합의에 따라 결혼 준비는 나와 한움큼이 알아서 해야 했다. 나와 한움큼은 준비에 들어가기에 앞서 먼저 원칙을 정했다.

그것은 두말 할 것 없이 최대한 검소하게! 그것이었다.

결혼을 준비하는 나와 한움큼이 가장 먼저 한 일은 살 집을 구하는 일이었다. 나와 한움큼이 결혼 비용으로 쓸 수 있는 돈은 최대 5,500만 원이었다. 그 중 혼수 비용으로 1,000만 원을 쓴다면 나와 한움큼이 살 집을 구하는 데 쓸 수 있는 돈은 4,000만 원이었다. 4,000만 원! 물론 작지 않은 돈이지만 신혼생활을 시작하기에는 넉넉한 돈도 아니었다. 나는 4,000만 원으로 서울에서 전셋집을 구하는 것이 얼마나 어려운 일인지를 뼈저리게 느껴야 했다. 모으기는 힘들지만 실상 무엇을 하기에는 턱없이 부족한 돈이었던 것이다.

우리가 가진 돈으로 서울에 전셋집을 마련하는 것이 거의 불가능한 일이라는 것을 알기까지는 오랜 시간이 걸리지 않았다. 고민 끝에 나는 자린고비 생활을 실천하면서 세운 원칙을 버리기로 했다. 그리고 나는 그 사실을 한움큼에게 말했다.

"도저히 안 되겠어. 우리 대출을 받자. 대출은 내가 받을게! 응?" 정말 깊은 고민 끝에 한 말이었다. 하지만 한움큼은 나를 쏘아보다가 한마디했다.

"자기 미쳤어? 종자돈 만드는 것이 얼마나 중요한 지 몰라서 그래? 그런데 도리어 빚을 지겠다고?"

한움큼의 완강한 반대에 부딪치고 난 뒤에서야 나는 처음에 세웠던 자린고비 실천의 원칙이 옳다는 것을 다시 한 번 깨달았다.

무리를 해서라도 큰집에서 시작하고 싶어하는 신혼 부부들이 많다. 그러나 결론부터 말하자면 자신의 능력을 넘어서는 집을 구하면 내 집 마련은 그만큼 멀어진다.

왜 그럴까? 전세보증금은 분명 자신의 돈이지만 계약 기간 동안에는 자기 돈이 아니다. 계약 기간 동안에는 찾을 수 없는 돈이며 만약 계약을 해지하고 이사를 하게 되면 큰 손해를 감수해야만 한다.

전세보증금의 또 다른 문제는 아무리 많은 돈을, 오랜 기간 맡겨둔다고 해도 단 한푼도 가치를 창출하지 않는다는 점이다. 아무리 금리가 싸도 금융기관에 맡겨두면 어느 정도 이자라도 붙게 되지만 전세보증금은 단 한푼도 이윤을 남기지 않는다. 그러니까 전세보증금은 일종의 '죽은 돈'이라고 할 수 있다.

그렇다면 방법은 한 가지이다. 큰집을 욕심내지 말고 신혼생활을 하기에 지나치게 불편하지 않은, 적당한 집을 구하고 나머지 돈은 재테크를 하는 것이 현명하다. 내 집 마련! 문제는 당장 살기 편한 집이 아니라 재테크에 동원할 수 있는 현금을 얼마나 확보하고 있느냐 그것이다.

이제 나와 한움큼은 결혼 전선(前線)에 서게 되었다.

시작이 중요하다는 것은 앞에서도 누누이 말했다.

직장생활을 시작할 때가 첫 번째 출발의 계기였다면 결혼은 두 번째 출발의 계기이다. 그렇기에 신중하게, 지금보다는 미래를 내다보아야만 한다. 그래서 종자돈이 중요하다.

"돈이 돈을 번다."라는 말은 사실이다. 1억 원에 대한 은행 금리와 1,000만 원에 대한 은행 금리를 생각하면 쉽게 알 수 있다. 똑같은 금리를 적용 받는다고 하더라도 액수 면에서는 엄청난 차이가 날 수밖에 없다. 눈사람을 만들 때, 큰 눈덩어리는 한 번만 굴려도 금방 제 몸집을 불리지만 작은 눈덩어리는 열심히 굴려도 쉽게 몸집이 불지 않는 이치와 같다고 할 수 있다.

종자돈은 이처럼 중요한 역할을 한다. 그런데 돈을 불려도 시원치 않은 마당에 오히려 대출을 받아서 이자를 갚는다면 그것은 돈을 불리는 것과는 반대로 나아가는 것이다.

부양가족이 없는 시기에 종자돈을 불리는데 주력해야 한다. 그러려면 이 시기에 대출금이자 등 불필요한 지출을 줄여야만 한다. 한순간의 판단이 여유 있는 삶과 쪼들리는 삶을 결정한다는 것을 잊지 말아야 한다.

하지만 불가피하게 대출을 받아 신혼생활을 시작해야만 하는 경우도 있다. 이럴 경우에는 보다 유리한 상품을 골라야만 한다. 근로자·영세민용 대출은 일반은행보다 금리가 낮아 유리하다.

'근로자서민전세자금대출'은 정부자금을 재원으로 결혼을 앞둔 근로자에 한하여 대출을 하고 있다. 이율은 5.5%로 시중

은행자금 중 최저 금리이며 신청은 국민주택기금 취급 은행인 국민은행, 농협, 우리은행에서만 할 수 있다.

이 상품은 근로자ㆍ서민용과 영세민용의 두 종류가 있는데 근로자ㆍ서민용 대출은 연소득 3,000만 원 이하인 근로자나 서민이 대상이 된다. 하지만 근로자의 경우 상여금ㆍ교통비 등을 제외한 급여가 기준이므로 4,000만 원대 연봉을 받는 근로자도 대상이 될 수 있다. 영세민용 대출은 동사무소 등에서 영세민이라고 확인을 해준 사람을 대상으로 한다.

근로자ㆍ서민용 대출/영세민 대출

■ 신청자격

전용면적 85m²(25.7평) 이하 전셋집에 대해서만 대출을 해준다. 보통 32평 정도의 집은 대개 전용면적 25.7평 이하이다. 또한 계약일 이후 잔금을 지급하기 전까지 대출 신청을 해야 한다.

■ 제출서류
 - 근로소득자 : 전세계약서, 등기부등본, 주민등록등본, 호적
   등본, 재직증명서, 근로소득원천징수 영수증
 - 자영업자 : 전세계약서, 등기부등본, 주민등록등본, 호적등
   본, 사업자등록증명원, 종합소득확인서류
 - 결혼 예정자 : 전세계약서, 등기부등본, 주민등록등본, 호적
   등본, 예식장 계약서

일반 대출

연대보증인을 세우거나 주택 금융신용보증서를 발급 받는 조건으로 일반 신용대출보다 싼 금리로 전세자금 대출을 해주고 있다. 대개 기준금리 연동대출의 경우 연 7%대에서 빌려주고 있으며 보증서 발급에 따른 수수료는 대출 총액의 1%로 채무자가 부담해야 한다.

■ 신청자격

부양가족이 있는 만 20세 이상의 세대주나 배우자, 대출 신청일로부터 1개월 이내에 결혼하여 세대주가 될 사람, 세대주가 아니더라도 60세 이상의 부모나 조부모를 한 집에서 모시는 사람 등이 대상이다.

■ 절 차

전세보증금의 10% 이상을 계약금으로 내고 계약한 뒤에 계약서에 기재된 입주일 또는 주민등록 전입일 중 이른 날짜로부터 3개월 이내에 대출을 신청할 수 있다.

시작이 중요하다는 것은
앞에서도 누누이 말했다.
직장생활을 시작할 때가
첫 번째 출발의 계기였다면
결혼은 두 번째 출발의 계기이다.
그렇기에 신중하게,
지금보다는 미래를 내다보아야만 한다.
그래서 종자돈이 중요하다.

8 '발품' 이
정답이다

나와 한움큼은 양가 부모
에게 인사를 드리고 허락을 받았으니 가능하면 빨리 살림을 합하
기로 결정하였다.

순진하게도 나는 한움큼의 그 말을 '나에 대한 사랑이 절절하
여 애가 닳아 하루라도 빨리 함께 살고 싶다'라는 말로 오해했
다.

결혼한 지 얼마 뒤에 나는 한움큼이 그런 결정을 내린 것은 순
전히 결혼 비용을 줄이기 위해서였다는 것을 알게 되었지만.

가계도 기업과 마찬가지여서 신속한 의사 결정과 집행이 예상되는 경비를 줄일 수 있는 방법이라는 것을 한움큼은 간 파하고 있었던 것이다.

나와 한움큼은 결혼을 준비하면서 각자 해야 할 일을 분담했다. 살 집을 구하는 일은 내가 맡고 결혼과 혼수 마련 일체는 한움큼이 담당하기로 했다.

사실 나는 한움큼이 내린 결정에 불만이 많았다. 결혼을 앞둔 예비 신랑 신부가 함께 돌아다니면서 준비를 하는 모습을 보아왔던 나는 일찌감치 이런 계획을 가지고 있었다. '언젠가 나도 결혼을 하게 되면 저들처럼 저렇게 해야지' 라고. 내 불만을 들은 한움큼은 무를 썰 듯 분명하게 거절했다.

"시간은 돈이잖아? 그리고 결혼 준비하면서 깨지는 커플이 얼마나 많은 줄 알아?"

이크! 결혼 준비를 하면서 깨지는 커플도 많다고? 그 말을 들은 나는 불만을 접기로 했다. 그때까지만 해도 나는 눈에 콩깍지가 씌어 있었던 것이다. 불행하게도!

장정(長征)에 나서기에 앞서 한움큼과 나는 가능하면 만나서 그 날의 성과를 검토하는 것을 원칙으로 정했다. 너무 피곤해서 만날 수 없으면 메일을 통해서라도 그 날의 활동 상황을 서로에게 보고하기로 했다. 그리고 중요한 혼수나 특히 살 집을 결정하는 것은 합의를 원칙으로

잘 구한 전세, 내 집 마련의 기초가 된다

했다.

중요한 사항에 대하여 합의를 한 뒤에 집에 돌아왔을 때였다. 한움큼에게서 메일이 한 통 도착해 있었다. 꼼꼼한(사실은 나를 못미더워하는) 한움큼이 살 집을 구하는 8가지 원칙을 적어 보낸 것이었다.

나는 너무 어린아이 취급을 당하는 것 같아서 기분이 나빠지려고 했지만 참기로 했다. 다 잘살자고 하는 짓이 아니던가!

나는 살 집을 구하기 위해 구두 한 켤레는 버려야 했다. 애당초 우리가 가진 돈으로 서울에서 번듯한 전셋집을 구하는 것은 무리였다. 결국 나는 서울특별시민의 권리를 포기하고 말았다.

나와 한움큼이 신혼생활을 할 집은 서울 인근의 신도시로 정해졌다. 그나마 신규 분양하는 아파트를 구할 수 있었던 것은 다행이었다.

내가 집을 구하기 위해 악전고투하는 사이에 한움큼은 혼수와 결혼 준비를 큰 무리 없이 마쳤다. 한움큼은 애당초 목표했던 1,000만 원으로 혼수와 결혼 준비를 마친 것이었다.

명언

돈을 모으려면 반드시 지켜야 할 원칙이 있고 정도

(正道)가 있다. – 대학

빚을 지는 것은 노예가 되는 것이다. – 에머슨

빚을 지고 내일 일어나기보다 오늘밤 먹지 않고 잠

자라. – 프랭클린

살 집을 구하는 8가지 원칙

1. 전세를 구하는 것을 원칙으로 한다. 이 사항은 어떤 경우이든지 간에 절대 불변이며 합의 사항도 될 수 없다.

2. 막 준공된 아파트를 우선 알아본다. 막 준공된 아파트는 깨끗하고 가격도 저렴한 편이다. 특히 투자를 목적으로 아파트를 분양 받은 뒤에 시세 차익을 기대할 수 있을 때까지 일단 전세를 내놓고 관망하는 아파트를 집중적으로 알아본다.

3. 이런 아파트의 경우 보통 수요자가 많은 편이기에 입주하기 2~3개월 전부터 인근 중개업소에 의뢰하고 기다려야 한다(내가 천만 씨에게 지금부터 서둘러도 결혼하기까지는 빨라야 2개월 이상은 걸릴 것이라고 했던 말을 상기하기 바람 ^^).

4. 부지런히 발품을 파는 것을 원칙으로 하되 정보의 중요성을 잊지 말자. 신문이나 인터넷 사이트, 부동산 관련 전문지 등을 통해 먼저 가격, 단지 입지 등의 정보를 얻은 뒤에 현장을 눈으로 직접 확인하는 것이 기본이다.

5. 마음에 드는 아파트가 나온다고 하더라도 섣불리 계약금을 걸면 안 된다. 계약 전에 반드시 건설회사에 중도금이나 잔금의 연체 여부, 근저당 설정 여부 등을 확인한다.

6. 평수에 연연하지 말자. 특히(나와 천만 씨 형편으로는 큰 평수를 구할 수도 없지만) 중소형 아파트를 집중적으로 알아

본다. 중소형이라야 빈약한 살림을 커버할 수 있고, 당분간 맞벌이를 한다는 점을 생각하면 생활과 관리 측면에서도 유리하다. 그리고 무엇보다 꾸준히 수요가 있어 계약기간이 끝난 뒤 이사를 갈 때 전세보증금이 빠지지 않아서 고생하는 것과 같은 위험을 방지할 수 있다.

7. 가능하면 이사를 들고나는 문제와 출퇴근 시간 등을 고려하여 지하철역 근처의 중소형 아파트를 집중 물색한다.

8. (열심히 발품을 팔았지만 불행하게도 우리가 가진 돈으로 중소형 아파트를 구할 수 없다면) 다가구주택, 다세대주택을 구한다. 이런 집들은 공급에 비해 수요가 많지 않아서 전세를 구하기 쉽다(편의시설 부족과 관리상의 어려움을 감수해야만 하기에 이것은 최후의 방안이다).

9. 어떤 경우이든지 계약은 나와 함께 하며 반드시 확정일자를 받아 둔다는 것을 잊지 말도록.

전세 계약시 주의사항

전세 계약을 하기 전에는 반드시 등기부등본을 발급 받아 확인해야 한다. 등기부등본은 표제부, 갑구, 을구로 구성되어 있다. 계약하려는 집 상태를 확인하는 방법은 다음과 같다.

1. 먼저 표제부에서 전셋집의 주소와 등기부상의 주소가 일치하는지를 확인한다.

2. 갑구에는 최종 소유자의 이름과 주민등록번호가 나온다. 전세 계약은 집주인 본인과 해야 하므로 계약할 때 나온 사람이 갑구에 표기된 사람인지를 반드시 확인한다.

3. 을구에는 근저당권, 전세권, 임차권 등 집에 대한 권리관계가 표시되어 있다. 을구에 표시된 모든 금액을 다 빼도 전세보증금 이상이 남아야 안전하다.

4. 등기부등본은 인터넷(registry.scourt.go.kr/start.jsp)이나 관할 등기소에서 발급 받을 수 있다.

이후에 예상되는 분쟁을 막기 위해서는 전세 계약을 할 때도 꼼꼼하게 작성해야 한다. 계약서를 작성할 때 주의할 점은 다음과 같다.

1. 계약일에서 잔금 지급일 사이에 임대인이 추가로 근저당권을 설정하지 않겠다는 것을 특약으로 명기한다.

2. 관리비 혹은 공과금의 정산 문제도 계약서에 특약으로 명기하는 것이 좋다.

3. 돈을 주고받은 뒤에는 영수증을 꼭 챙긴다. 특히 온라인으로 보증금을 보낼 경우에는 계약서에 그 사실을 꼭 적어두도록 하자.

4. 전세 계약을 마친 뒤에는 즉시 동사무소에 가서 주소 이전 신고와 함께 계약서에 확정일자를 받아야만 한다. 확정일자

를 받아두어야 이후 임대인이 추가로 근저당권을 설정하더라도 전세보증금을 보호받을 수 있다. 만약 임대인의 재정 상태가 의심스러우면 전세 등기를 하는 편이 안전하다.

5. 이전에 임차인이 있던 집을 재계약하는 경우에는 새로 계약서를 작성하지 말고 원래 계약서에 전세금 인상 내역을 적은 뒤 확정일자를 다시 받아야 한다. 새로 계약서를 작성하면 이전의 계약서를 작성하고 난 뒤에 설정된 근저당권에 비해서 전세보증금의 권리가 뒤로 밀릴 수도 있다.

9 생지옥(?) 입구에서의 다짐

 드디어 나는 한움큼을 평생의 반려자로 맞이하게 되었다. 화려하고 찬란했던 싱글 생활을 접을 때가 된 것이다. 사실 이 부분은 조금 모순된 표현이다. 왜냐하면 적어도 한움큼을 만나기 이전 그러니까 내게 '깡통'이라는 극단적인 표현을 쓰고 떠난 그녀를 만날 때까지가 내게는 화려하고 찬란한 생활이었다고 할 수 있다. 그 이후의 생활은 눈물겨운 인내의 시간이었다. 그것은 한움큼을 만난 이후에도 마찬가지였다. 한움큼은 '왕소금'이라는 표현만으로는 부족한 생활이 몸에 배어 있었고 불쌍하게도 한움큼에게 눈이 멀어버린 나는 불

행을 스스럼없이 받아들였던 것이다.

하지만 그때까지의 생활은 차라리 행복했다고 할 수 있다. 그 이후 내게 펼쳐진 생활은 아무리 강심장이라고 할지라도 눈물 없이는 들을 수 없는 이야기이기 때문이다. 모두가 사랑이라는 감정에 속아 일어난 불행이었다.

내가 앞으로 얼마나 힘든 생활을 하게 될지는 신혼여행지에서부터 여실히 드러났다. 보통 신혼여행지를 물색하고, 예약을 하는 따위의 일은 예비 신랑의 몫이었다. 그런데 그녀(여기서부터 한움큼의 호칭은 그녀로 변한다. 왜냐하면 정겹게 이름을 부를 만한 애틋한 감정이 점차 사라진다는 것을 의미한다. 누가 그러지 않았던가? 결혼을 하여 연인이 아내 혹은 마누라로 변하는 순간부터 애정은 두려움과 미움의 감정으로 교체된다고⋯)는 부득불 자신이 신혼여행지를 선택하고 예약도 자신이 하겠다고 우기는 것이었다.

그렇게 해서 도착한 신혼여행지는 동해안의 콘도였다. 그것도 그 동안 사용했던 신용카드 마일리지 점수를 활용하여 거의 모텔 값에 예약을 한 것이었다. 그녀의 성격을 잘 알고 있기에 동남아의 해변은 갈 수 없겠지만 누구나 가는 사이판이나 괌 그것도 아니면 제주도 정도는 예상했던 내가 바보였다. 하긴, 그녀가 내게 여권을

내 집 마련, 의지가 반이다

가지고 있는지 확인하지 않을 때부터 이런 결과를 예상했어야 옳았다. 그녀는 이미 내 성격을 속속들이 파악하고 있었던 것이다. 내가 무늬만 소금이며 상황이 풀리면 언제든지 한량으로 변모할 수 있는 기질이 다분하다는 것을.

신혼 여행지가 마음에 들지 않는다고 투덜거릴 수는 없는 일이었다. 일생의 한 번뿐(?)이라는 신혼여행에서 멋진 추억을 만들어야 하지 않겠는가. 나는 만반의 준비를 마치고 공식적으로는 첫날밤인, 그 밤을 기다렸다.

밤이 되자 그녀는 준비한 양초를 켜고 식탁에 와인도 한 병 올려놓았다. 이쯤 되면 서로 강렬한 눈빛을 교환한 뒤에 "사랑해." 아니면 "평생토록 함께 하고 싶어." 같은 말들이 오고 가야 정상이었다. 나 역시 당연히 그와 같은 말들을 생각하고 그녀의 기억 속에 오랫동안 남을 만한 멋진 말을 준비하고 있었다. 그런데 그녀는 그것이 아니었다.

"오늘 이 자리에서 우리 약속해."

나는 그녀의 다음 말을 기다리면서 고개를 끄덕였다. 아마 입가에 내가 그 동안 지었던 미소 중에서 가장 행복한 미소를 지어 보였을 것이다.

"지금부터 내가 하는 말은 우리 집을 가질 때까지 우리가 지켜야 할 다짐이야. 그리고 우리가 살아가는 기본 원칙이기도 해."

"뭐, 뭐야?"

내가 반문을 하려하자 그녀는 검지를 입술에 갖다댔다. 자기가 하는 말에 이의를 달지 말라는 뜻이었다.

"처음 마음가짐이 중요해. 그래야 잘살지? 안 그래?"

나는 두 눈을 꿈벅, 꿈벅거리면서 그녀가 하는 말을 듣고 있어야만 했다. 마치 말 잘 듣는 학생이 선생님이 지시하는 내용을 새겨듣는 것만 같았다.

자신의 힘만으로 내 집을 마련하려면 치밀한 계획과 의지가 필요하다. 많은 사람들은 결혼 초기에 내 집 마련을 1차 과제로 정한다. 하지만 그 과제를 이루기 위한 계획은 다분히 추상적이기 쉽다. 보통 막연하게 어느 정도 돈을 모은 뒤에 전세금을 합하여 아파트를 구입하든가 아니면 대출을 받아 집을 살 것이라고 생각한다.

그러나 결론부터 말하자면 내 집 마련은 구체적이고 치밀한 계획과 의지가 따르지 않으면 매우 어렵다. 누구나 내 집을 갖고 있는 것 같지만 사실은 누구나 내 집을 가질 수 있는 것은 아니다. 특히 부동산 가격이 비정상적으로 상승한 서울과 수도권에서 내 집을 갖기란 결코 만만한 일이 아니다. 그렇기에 구체적인 전략과 실천방법이 필요하다. 내 집 마련의 기본 지침은 다음과 같다.

1. 목표를 가져야 한다. 부부의 수입을 고려하여 3년, 5년 등과 같이 목표 기한을 정해두고 내 집 마련 전략을 수립해야 한다.

2. 미리 준비해야 한다. 앞으로 살 지역을 미리 알아보고 원하는 지역의 주택가격 및 임대가 등을 계산하여 미리 필요한 자금을 예상할 수 있어야만 한다.

3. 또한 앞으로 살아갈 주택의 규모 및 종류 등을 미리 살펴보고 그에 따른 필요자금 조달방법 등에 대한 계획을 가지고 있어야만 한다. 현재 거주하고 있는 주택의 규모 및 전세금 그리고 앞으로 구입하려는 주택의 규모 및 가격을 살펴보면 어느 정도 자금이 있어

야 내 집 마련이 가능한 지 알 수 있다.

4. 부동산 시장에 대하여 늘 관심을 가져야만 한다. 주택을 구입하는 방법 및 상품 선택시 주의사항에 대해 숙지해두는 것은 물론 주택을 구입하는 경우에는 아파트, 단독주택, 연립, 빌라, 다세대, 다가구 등 상품에 따라 구입 절차는 비슷하지만 그 특성별로 차이가 있으므로 장·단점 및 기본적인 체크사항을 숙지해 두어야 한다. 특히 아파트의 경우 구입 시기와 신규 분양, 분양권, 미분양 아파트, 기존 아파트 등에 따라 전략이 달라진다. 따라서 기본적인 상품 숙지부터 시작하는 것이 방법이다.

5. 내 집 마련을 위해서 거쳐야 할 단계, 즉 상품선택, 계약, 등기 등 구입단계의 순차적인 방법에 대해서 미리 알아야 한다. 특히 전세를 사는 사람들은 이들 과정이 전세 계약을 하는 과정과 비슷하므로 단계별로 유의사항에 대해 체크해 두는 것이 반드시 필요하다.

6. 내 집 마련을 하려면 필요한 자금 마련을 위해 청약저축 및 적금 가입은 물론 모자라는 자금을 대출 받기 위한 방법이나 기타 자금 조달 방법 등을 세워 두고 있어야만 한다.

7. 무엇보다 적극적인 마음가짐이 매우 중요하다.

그녀에게 내 집 마련을 위한 기본 자세를 교육(?) 받은 나는 이어서 실전 전략 강의를 듣게 되었다.

"나는 일단 아파트를 목표로 할 거야. 여기에는 천만 씨도 이의가 없을 거라고 믿어. 나중에 팔 때도 생각해야 하니까. 부동산으로 재테크를 하려면 아무래도 아파트가 유리할 거야. 그러기 위해서는 반드시 1순위 청약자격을 획득해야만 해. 이전에는 분양권 전매를 생각했지만 요즘 같아서는 아무래도 힘들 것 같고, 최소한 25평형 아파트를 분양 받으려면 분양가가 보통 2억 2,000만 원 정도이고 계약금이 분양가의 20% 정도이니까 약 4,400만 원 이상을 저금해두고 있어야만 해.

그리고 난 뒤에는 조금 쉬워. 분양을 받은 뒤에 중도금은 대출을 받고 조금 불편하더라도 전세 규모를 줄여 나머지 잔금을 치르면 가능할 거야. 대출은 생애최초구입자금을 이용하면 될 거야. 만약 1억 원을 대출 받으면 현재 약정이자가 6%이니까 연말정산 때 소득공제액이 600만 원으로 약 60만 원의 세금을 환급받을 수 있기 때문에 실제 부담하는 이자는 훨씬 줄어들게 되어있어. 그러면 이자부담액이, 가만 천만 씨 계산기 안 가져 왔어?"

"그만!"

나는 그녀에게 이렇게 소리를 지르고 싶었다. 하지만 언제부터

인가 그녀가 강의(?)를 하는 동안은 잠자코 듣고 있어야
만 했다. 그것이 나와 그녀의 불문율이었다. 그것을 어
기면 어김없이 싸움으로 이어지니까.

　어느덧 나는 꾸벅꾸벅 졸고 있었다. 첫날밤은 그렇게
지나가고 있었고 나는 새로운 고생길에 접어들었다는
것을 깨달았다.

　내가 그녀와 함께 침대에 누울 수 있었던 것은 그 후
로도 1시간이 넘게 더 강의를 들은 뒤였다.

2

거듭되는 헛발질

1 허니문 때 매를 맞다

 허니문. 말 그대로 달콤하
고 꿈 같은 시간들. 내게도 허니문이 있었다.

　순전히 한움큼, 그녀 탓에 결혼 전에 단둘이 지낸 날은 손가락
으로 꼽을 정도였다. 그녀는 돈 문제가 걸리면 본능마저 컨트롤
할 수 있는 여자였다.

　결혼식을 했다는 이유만으로 단둘이 있어도 흉을 볼 사람도,
시비를 걸 사람도 없었다. 돈 때문에 주저하고 망설일 이유도 없
었다. 왜? 우리에게는 침실이 생겼으니까. 나와 그녀는 그 동안
참았던 것을 마음껏, 마음껏 발산했다.

자제를 해야 하는 날도 간혹 있었다. 집들이가 예정되어 있는 날들이었다. 집들이 얘기가 나왔으니 하는 말이지만, 그녀는 집들이를 하면서도 '왕소금' 정신을 유감없이 보여주었다. 보여준 정도가 아니라 자신의 정신을 만천하에 드높였다.

그녀의 친구들과 내 친구들은 같은 날 같은 시간에, 그녀의 직장 동료들과 내 직장 동료들도 같은 날 같은 시간에 집들이를 했다. 물론 한움큼은 술과 간단한 안주거리, 그리고 평범한 식사를 준비했다.

그런데도 내 친구들, 직장 동료들은 흡족해 했다.

이유는 간단했다. 한움큼의 친구들, 직장의 특성상 한움큼의 직장 동료들은 모두 여성이었기 때문이었다. 여성들이 줄지어 앉아 있으니 기혼, 미혼을 가리지 않고 내 친구들, 직장 동료들은 하나같이 대범해졌다. 그들은 시간이 아깝다는 듯 앉은 지 두 시간도 지나지 않아서

밖에 나가 2차를 하자고 했다.

나와 한움큼은 '중매쟁이' 신분으로 덤으로 끌려나가 평소라면 발걸음도 하지 않을, 분위기 좋은 호프집에서 공짜 술을 실컷 마셨다.

아, 자리가 끝날 때가 생각난다. 술이 오른 내 친구들, 직장 동료들은 한 목소리로 3차로 노래방에 가자면서 집에 가겠다는 한움큼의 친구들과 직장 동료들을 붙잡았다. 공식 임무를 마친 나와 한움큼은 서로 계산을 하겠다고 법석을 피우는 내 친구들과 직장 동료들을 뒤로 하고 호프집에서 나왔다. 호프집에서 나오자마자 누가 무슨 말을 해도 미소로 답하던 한움큼은 싸늘한 표정으로 내게 말했다.

"자기도 어디 가서 저렇게 속없는 짓 하면 죽을 줄 알아!"

어이쿠 무서워라. 나는 뜨끔했다. 사실 나도 친구들이나 직장 동료들과 별반 다르지 않기 때문이었다.

친가, 처가 식구들은 워낙 '자린고비의 모범답안' 같은 생활을 하는 사람들이어서 음식을 차리는 데 신경 쓸 필요도 없었다. 오히려 많이 차리면 불호령이 떨어질 사람들이니까.

집들이가 있었던 3일을 제외하고 약 한 달 동안 우리의 허니문은 계속됐다. 꿈만 같은 생활이었다. 하지만 우리의 허니문은 한 달도 안 되어 끝나고 말았다. 그것도 아주 비참하게….

그 날따라 먼저 집에 들어온 그녀는 통장을 모두 꺼내놓고 앉

제 2 장

아 있었다. 통장이라고 해봐야 모두 합쳐 4개(나와 한움큼의 급여통장, 각각의 정기적금 통장)에 불과했지만. 한움큼은 무척이나 심각한 표정이었다.

나는 그녀 곁에 앉아, 그녀의 어깨에 팔을 두르며 내가 듣기에도 느끼한 코맹맹이 소리를 냈다.

"왜 그래? 무슨 일 있어?"

"이상해. 청약통장이 없어졌어."

"청약통장? 없는 게 당연하지, 아직 안 들었잖아."

한움큼의 눈초리가 올라가고, 그에 따라 말꼬리도 한없이 올라갔다. 사태가 심상치 않다는 것을 직감한 나는 서둘러 변명을 하기 시작했다.

"자기가 들라고 했을 때, 내가 얼마나 바빴는지 알아? 회사 일하랴, 결혼 준비하랴?"

"그럼 청약통장에 들어가야 할 돈은 어디 있어?"

"그건, 그건. 남자들은 결혼을 앞두고 있으면 쓸데가 많아. 인사도 다녀야 하고, 술도 사야 하고…."

내 말이 다 끝나기도 전에 한움큼은 어느 사이에 어깨를 두르고 있던 내 팔을 걷어내고 조금 떨어지는가 싶더니 동시에 정확하게 내 옆구리를 향해 다리를 쭉 뻗었다.

"어이쿠."

나는 비명 소리와 함께 소파에서 떨어져 바닥을 뒹굴었다.

그러나 그것이 끝이 아니었다. 그녀의 손에는 책이 들려 있었다. 설마라고 생각했는데 그녀의 손을 떠난 책은 내 이마를 향해서 날아왔다. 그리고 나는 정신을 잃었다.

한움큼이 집어던진 책을 맞고 잠시 정신을 잃었다가 깨어난 뒤였다. 한움큼은 쭈그려 앉은 채, 내 얼굴을 내려다보고 있었다. 그녀는 내가 얼마나 아픈지, 그런 것에는 관심도 없는 것 같았다. 그녀는 내게 청약통장의 중요성을 강조했다.

그 날, 나는 바닥에 누운 채 한움큼에게 한 시간이 넘게 청약통장의 중요성에 대하여 강의를 들어야만 했다. 강의가 끝난 뒤 한움큼은 내게 내 집 마련에서 가장 중요한 사항을 이행하지 않고,

 제 2 장

그 사실을 숨긴 죄로 벌칙을 통고했다. 그것은 내가 충분히 반성하는 기미를 보일 때까지 '각방'을 쓰는 것이었다.

내 허니문은 그렇게 해서 끝났다.

청약통장을 준비하는 것이다. 현대를 살아가는 도시인들에게 보통 집은 아파트로 통한다. 따라서 내 집 마련과 아파트 장만은 같은 말로 통용되고 있는 실정이다.

아파트를 분양 받으면 내 집 마련의 꿈을 실현하는 것이면서 동시에 투자를 하는 것이기도 하다. 입지 조건이 유리한 지역의 아파트는 프리미엄이 높은 가격에서 형성되며, 이 프리미엄은 곧 투자수익금이 되기 때문이다.

일반적으로 아파트는 평형과 위치, 교통여건에 따라 가격차이가 크다. 같은 지역이라고 할지라도 동의 위치와 방향과 층에 따라 크게는 5,000만 원 이상의 가격 차이가 난다.
요즘은 주거환경이 강조되면서 강, 산 등 조망권 확보 여부에 따라 프리미엄 차이가 나고 있다.

어차피 내 집 마련은 투자를 염두에 둔 것이다. 따라서 손해 보지 않는 투자를 하려면 주거환경, 편의시설, 교통여건, 아파트 평형과 방향 등이 우수하고, 가급적 강과 산의 조망권이 보장되는 아파트를 선택해야 한다.

뿐만 아니라 교통여건과 지하철역에서 가깝고 주위에 백화점이나 할인점 등이 위치하며, 강이나 산을 볼 수 있고, 인근에 공원이 위치해 있어 쾌적한 주거환경과 편리한 도로망 등이 갖추어진 아파트를 분양 받아야 한다.

입지여건이 우수해 투자가치가 높은 아파트는 경쟁률이 높다. 따라서 당첨도 쉽지 않다. 입지여건이 우수한 아파트를 분양 받기 위해서는 무조건 청약통장에 가입한 후 아파트 분양 정보를 세심하게 챙겨야만 한다.

20세 이상의 성인이면서 일정 요건만 갖추어지면 누구나 청약통장에 가입할 수 있다. 이때 청약통장은 주택을 구입하는 데 필요한 것이 아니라 아파트 청약을 위해서 반드시 필요하다.
청약통장을 보유하고 있는 사람들에게 아파트를 우선적으로 분양 받을 수 있는 권리가 주어지기 때문이다. 이것은 주택건설촉진법 주택공급에 관한 규칙에 정해져 있다.

■ 청약통장 관리 원칙

1. 청약부금이나 청약저축은 매월 정해진 날에 월 납입금을 지불해야 한다. 날짜를 어기면 불이익을 당할 수도 있다.

2. 청약예금 가입 후 2년이 지나면 상황 변화에 따라 큰 평수 청약이 가능한 통장으로 변경할 수 있다.

3. 청약저축 가입자도 불입한 금액 안에서 청약예금으로 전환할 수 있다.

4. 청약부금 가입 후 2년이 지나면, 국민주택 규모인 85㎡ 이하 청약예치금액을 낸 가입자라도 85㎡ 초과 평형으로 변경이 가능하다.

5. 통장 가입자가 사망하거나 결혼했을 때 배우자 또는 세대원의 직계존·비속으로 명의변경을 할 수 있다. 단, 2000년 3월 27일 이후 가입자는 사망한 경우에만 명의변경이 가능하다.

6. 수도권 이외 지역에서 청약통장을 만든 사람이라도 수도권으로 이사하면 그 지역 주택을 청약하는 데 제약을 받지 않는다.

7. 청약통장 가입자 중 아파트에 당첨됐지만 부적격자로 판명된 경우 당첨이 취소되지만 해당 통장은 다시 사용할 수 있다.

8. 임대주택에 당첨된 청약저축은 해약하지 않고 계속 거래할 수 있다. 또한 해약한 경우라도 해약한 날로부터 5년 안에 다시 부활해 사용할 수 있다.

9. 청약예금이나 청약부금은 세금우대로 가입할 수 있다. 단, 모든 금융기관을 통해 1인 1통장이어야 한다. 청약통장 가입 금융기관에서는 원금합계 기준으로 2,000만 원까지 다른 예·적금에 추가로 가입할 수 있다.

10. 큰 평형으로 늘리는 경우에는 1년을 기다려야 하지만 작은 평형으로 옮길 때는 수시로 청약할 수 있다. 단, 이 경우 입주 모집 공고일 전날까지 통장을 전환해야 한다.

**내 집 마련을 위한
나만의 독트린**

하루빨리 1순위 자격을 획득한다.
돈을 모아 '목돈'을 만들기 위해서는
월급에 절반을 뚝 떼어 저축한다.
출산 계획을 세운다.
금융상품을 파악하고 분석한다.
리스크에 대비한다.

2 무시무시한
한움큼의 독트린

한순간의 사소한 실수는
내게서 허니문만 빼앗아 간 것이 아니었다. 나는 '가정 경제'의
주도권을 고스란히 한움큼에게 넘겨주어야만 했다. 그것은 이튿
날 아침부터 현실화되었다.

결혼 이후 처음으로 각방을 쓰고 난 아침이었다. 나는 뚱한 표
정으로(이것은 다소 의도된, 연출된 표정이었다) 한움큼과 아침식사
를 하기 위해 마주앉았다. 지난밤의 한움큼의 표정을 기억하고
있었기에 다분히 자기 방어적인 표정이었다고 할 수 있었다.

그런데 뜻밖에도 한움큼은 생글거리면서 나를 바라보고 있는 것이 아닌가? 한움큼은 내 숟가락 위에 잘 바른 생선살을 올려놓으면서 말했다.

"혼자 자니까 어때?"

나는 뻔한 것을 왜 물어보냐는 표정으로 한움큼을 바라보았다. 그러다가 한순간, 번쩍하면서 지나가는 생각이 있었다. 그것은 '한움큼 너도 별수 없구나' 그런 생각이었다. 내가 그랬던 것처럼 한움큼 역시 내 품이 어지간히 그리웠던 모양이었다.

결론을 내린 나는 목소리에 잔뜩 힘을 주면서 말했다.

"아무래도 각방은 힘들지? 그것 봐? 공연히 지키지도 못할 것을…."

"이 사람이 지금 뭐라고 하고 있는 거야? 자기가 충분히 반성했다는 것을 증명할 때까지 각방은 계속돼!"

잉? 그게 아니었나? 그럼 아침부터 평소 안 하던 애교를 부리는 이유는 뭐지?

"내가 오늘 자기에게 말하려고 하는 것은 말이지, 앞으로 자기하고 나하고의 생활을 전적으로 내가 알아서 하겠다는 거야."

"뭐야?"

"왜 싫어? 생각해봐. 청약통장 가입하는 것도 잊어버리는 자기같이 덜렁거리는 사람이 제대로 관리를 할 수 있겠어?"

또 지겨운 청약통장 이야기였다.

"자기도 내 얘기를 잘 들어 봐. 나 혼자 잘살자고 하는 것이 아니라 우리 같이 잘살자는 얘기야. 자기는 내가 왜 청약통장 가입에 그렇게 예민하게 구는지 알아? 자기가 생각하기에는 우리나라 부부들이 결혼해서 처음 내 집을 갖기까지 얼마나 걸릴 것 같아?"

누가 그런 시시콜콜한 것까지 통계를 낸단 말인가? 설령 그런 통계가 있다고 해도 그런 것을 머릿속에 담아두고 다니는 인간이 어디에 있단 말인가?

"7년 이상이야. 자그마치 7년 이상이 걸린다고, 보통 부부가 결혼해서 40년을 함께 산다고 하면, 1/5을 내 집을 갖기 위해 아등바등거리면서 사는 거야. 그럴 때 시간을 조금이라도 앞당기려면 어떤 방법이 있겠어?"

"늦었어. 회사 가야 돼."

진심이었다. 아침부터 한움큼과 이런 이야기를 나누느니 차라리 회사에 있는 것이 행복할 것만 같았다.

"그래서 청약통장이 중요하다는 거야. 그리고 나는 남들처럼 7년이나 걸려 내 집을 장만할 생각은 추호도 없어."

"그럼?"

"이제부터 내가 하는 말 잘 들어. 그리고 꼭 내가 하자는 대로 해야 돼? 알았지?"

　결혼한 지 1개월도 안 되어서 발표된 한움큼의 독트린 내용은 이러했다.

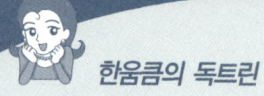 **한움큼의 독트린**

1. 하루빨리 1순위 자격을 획득한다

국민주택 규모(전용면적 25.7평 이하)의 주택에 1순위로 청약하려면 가입 후 2년이 지나야 하며, 서울·부산은 저축액이 300만 원, 기타 광역시는 250만 원, 나머지 지역은 200만 원을 넘어야 한다. 따라서 1순위 자격을 획득하는 한편, 첫 번째 신청에서 당첨된다는 가정 아래 돈을 모은다.

2. 돈을 모아 '목돈'을 만들기 위해서는 월급에 절반을 뚝 떼어 저축한다

신혼 초에 어떻게 저축을 하느냐에 따라 몇 년 후 가정의 재무상태가 확연히 달라진다. 신혼기에는 허리띠를 졸라매고 수입의 절반을 저축하고, 맞벌이 부부라면 두 사람의 수입 중 많은 쪽을 저축한다.

3. 출산 계획을 세운다

이처럼 신혼 때 억척을 떨어야만 하는 것은 출산과 그로 인한 비용의 증가 때문이다. 일단 아기가 태어나면 산모는 당분간 휴직을 해야 하기 때문에 몇 달 간 수입이 줄고 또한 분유 값, 기저귀 값 등으로 최소한 월 20만 원에서 30만 원, 보육비용으로 월 50만 원에서 60만 원은 들어가므로 저축액이 줄어들 수밖에 없다. 결혼과 함께 내 집 마련 등 목표를 세울 때 자녀출산 계획을 함께 고려해야 하는 것은 이 때문이다.

4. 금융상품을 파악하고 분석한다

목돈을 모을 때 고려할 점은 금융상품의 만기를 가능한 한 길게 들고, 비과세나 세금우대 상품을 최대한 활용해야 한다는 것이다. 똑같은 정기적금이라도 만기가 1년 미만이면 금리가 연 3.7%이지만 2년 이상은 4.15%로 상당한 차이가 난다. 또 금리가 같다 해도 일반의 경우는 이자금액의 16.5%가 원천징수되고, 세금우대의 경우는 이자금액의 10.5%가 원천징수되며, 비과세는 0%이므로 실제로 손에 쥐는 돈이 달라진다.

5. 리스크에 대비한다

가입자가 질병이나 재해로 사망할 경우 가족들에게 사망보험금을 지급하는 종신보험이 대표적인 상품이다. 종신보험은 젊을 때 가입할수록 보험료가 싸고, 건강특약이나 재해특약을 적절히 추가하면 다른 건강보험·상해보험을 들 필요가 없기 때문에 편리하다. 종신보험은 일반 보장성 보험과 마찬가지로 연간 100만 원까지 소득공제 혜택도 받을 수 있다. 단, 종신보험은 보장범위가 포괄적이기 때문에 다른 보험에 비해 보험료 수준이 높은 편이고 보험료를 장기에 걸쳐서 내야 하므로 가입하기 전에 소득수준 및 향후 재무계획 등을 면밀히 살펴서 무리가 없도록 해야 한다. 이와 함께 젊을 때부터 노후를 대비하여 내 집 마련 계획을 달성하는 데 지장이 없는 선에 서 부부가 연금상품에 함께 들어 두 면 소득공제 혜택(연간 240만 원 한도에서 불입액 전 체)도 받을 수 있다.

향후 가정 경제를 꾸려나갈 5가지 원칙을 발표하면서 한움큼은 내게 몇 가지 사항을 요구하였다. 내 월급은 단 한푼도 손대지 않고 저축할 것이며 출산은 내 집 마련 이후로 미룰 것이며, 그 밖에 금융상품을 비교하여 선택하고, 보험 가입 등은 일체 권리를 한움큼에게 맡긴다는 것이 요구 사항이었다.

불쌍하게도 나, 백천만은 한움큼의 요구를 들어줄 수밖에 없었다. 그녀가 사랑스러워서? 절대 '노'이다. 내가 그 모든 요구를 받아들인 것은 '예스'라는 대답을 하지 않으면 회사에 보낼 것 같지 않은 한움큼의 기세에 주눅이 들어서였다.

그 날 한움큼의 요구를 받아들인 대가는 엄청났다. 그 굴욕적인 굴복으로 인해 내 결혼생활은 가시밭길이 되고 말았다.

3 우리, 투명하게 살자!

　　　　　　　　　　　일찍이 '퀸카'라
고 알았던 그녀에게 허망하게 채인 뒤에 나는 대오각성
(大悟覺醒)을 하고 뜻한 바를 실천했다. 그것은 그때까
지 내가 살아왔던 방식을 생각하면 가히 '혁명적인' 것
이었다고 해도 지나치지 않을 것이다.

　사실 부친은 몹시 엄하고 인색했지만 어머니는 하나
뿐인 아들에게 헌신을 다했다. 어머니는 부친의 감시를
피해 '웃돌 빼서 아랫돌 빈자리 채우고 다시 아랫돌 빼
서 웃돌 빈자리 채우는' 식으로 내가 궁핍하게 살지 않

도록 도와주었다. 그렇기에 내가 그녀를 떠난 보낸 뒤에 시작했던 생활은 처음으로 경험했던 '궁핍의 세월'이었다.

　나는 그 기간을 견디면서, 약해질 때마다 스스로에게 다짐했다. 와신상담(臥薪嘗膽)! 비록 지금은 힘든 세월이지만 언젠가 나를 내친 부친 앞에, 그리고 매정한 그녀에게 혼자 힘으로 우뚝 선 모습을 보여주고 말리라.

　정말이지 나는 그것이 세상에서 가장 궁핍한 상태인 줄로만 알았다. 그런데 그것이 아니었다. 내게는 단 한 번도 경험해보지 못했으며 상상조차 하지 못했던 엄청난 생활이 기다리고 있었다. 바로 한움큼과의 결혼과 함께 시작된 생활이었다.

　여기서 잠깐! 혹자는 한움큼이 그러던가 말던가 나는 내 방식대로 살아가면 될 것이 아니냐고 반문할 사람도 있을 것이다. 하지만 그렇게 말하는 사람들은 정말 순진한 사람들이다. 물론 한움큼과 싸우고 이겨서 쟁취할 수도 있을 것이다. 힘으로 따지자면 한움큼이 아무리 억척같다고 해도 나를 당해낼 수는 없을 것이기에. 한움큼이 그러던가 말던가 못 들은 척, 모른 척 하고 나만의 방식을 고수하는 방법도 있을 것이다.

　그런데 두 가지 방법 모두 한움큼에게는 통하지 않는 방식이었다. 싸움? 그것은 애당초 될 수 없는 것이었다. 왜냐하면 어느덧 나는 한움큼이 치밀하게 쳐놓은 그물에 걸려 허우적대는 꼴이었으니까. 한움큼은 돈이 들어가지 않는 것, 자신이 만들어 놓은 생

활의 규범을 파괴하지 않는 것이라면 뭐든지 최선을 다
했다. 돈이 들어가지 않는 따뜻한 위로의 말과 음식 그
리고 기타 등등. 그렇기에 나는 어느 사이에 한움큼과
떨어져서는 한순간도 견딜 수 없는 상태가 되어버렸다.

  못 들은 척, 잊은 척 하고 나만의 방식을 고수하는 방
법? 그것은 한움큼을 몰라도 너무 몰라서 하는 말이다.
예를 들어 아침에 집을 나설 때면 나는 한움큼에게 1만
원을 받았다. 이른바 하루 용돈이었다.

  그 돈 안에서 하루의 모든 지출을 감당해야 했다. 점
심은 상사나 동료가 사주지 않는 이상 회사 구내식당을
이용해야 했고 커피는
늘 자판기에서 뽑
아 마셨다. 담
배? 담배는
내가 청혼을
하던 날 끊었
다. 한움큼, 그녀
는 청혼을 받아들이면

서 몇 가지 조건을 내걸었는데 그 중 하나가 금연이었
다. 명목상으로는 내 건강을 위해서라고 했지만 나는 그
녀의 속뜻을 짐작하고 있다.

사람들은 말할 것이다. 구내식당을 이용하고 담배도 피우지 않으면 돈이 남을 것이라고. 그 돈을 모으면 일 주일에 몇 만 원은 되지 않겠느냐고.

천만에! 몇 천 원에 불과한 그 돈도 한움큼의 감시를 피할 수는 없었다. 한움큼은 수시로 퇴근하는 내게 전화를 걸어 집에 들어오는 길에 장을 봐오라고 했다. 두부, 콩나물 등등인데 결혼 초기에 나는 정말 황당한 일을 겪어야만 했다.

하루는 그녀가 몇 가지를 사오라고 하기에 돈이 없다고 했다. 그러자 그녀는 알았다면서 그냥 들어오라고 했다.

그 날 저녁 식탁에는 김치와 마른 김, 멸치볶음 등 항상 준비되어 있는 찬만 올라왔다. 그 날은 집에 들어왔다가 도로 나가기 귀찮아서 그런 모양이다, 그렇게 생각하고 지나갔다. 그런데 그것이 아니었다.

이틀 뒤에 다시 한움큼이 전화를 걸었고 나는 맨손으로 들어갔다. 그 날도 똑같은 반찬이 올라왔다.

그런 일을 서너 번 겪으면서 나는 한움큼이 말없이 나를 단련시키고 있다는 것을 깨달았다. 그녀에게 돈이란, 얼마가 됐든지 간에 무조건 남겨야만 하는 그런 것이었다.

그렇다고 하루에 사용하고 남긴 돈을 모아 사용할 방법이 있는 것도 아니었다. 한움큼, 그녀는 은행이었다. 창구에서 손님들에게 주고받은 돈을 모두 금고에 넣었다 다음 날 영업개시 시간에 다시 나눠주는 것처럼 한움큼은 내게서 그런 방법을 사용했다.

그녀는 잠자리에 들기 전, 내게서 남은 돈을 회수했다. 그리고 다음날 아침에는 지난밤에 회수한 돈은 간 곳이 없고 언제나 1만 원이 내 손에 쥐어졌다.

신용카드? 물론 사용하면 절대 안 된다. 내 신용카드는 오직 교통비 지급 수단으로만 사용됐다. 꼭 한 번 술을 마시고 난 뒤에 신용카드로 결제를 한 적이 있었다. 그 뒤에 청구된 신용카드 사용명세서를 본 한움큼이 물었다.

"여기 9만 원은 뭐야? 상호를 보니까 식당인 것 같은데."

"아, 그거. 지난 번에 회식이 있었어."

"자기네 회사는 회식비를 공금에서 안 내고 말단 직원이 내?"

"그, 그게… 내가 내야만 할 이유가 있었어."

"그래?"

다음날부터 내 손에는 5,000원이 쥐어졌다.

펑크난 9만 원을 채울 때까지는 하루에 5,000원만 가지고 살라는 것이었다. 이러니 내가 어떻게 딴 짓을 할 수 있겠는가?

"

신용카드 사용, 아무리 잘 써도 득보다는 독이 될 때가 많다. 연말 소득공제 혜택 때문에 웬만한 지출은 신용카드로 하는 경우가 많은데 결혼 후엔 카드 사용전략도 바꿀 필요가 있다. 신용카드 사용은 소득이 있는 사람의 카드로, 맞벌이 부부라면 소득이 더 많은 사람의 카드로 몰아 쓰는 게 좋다. 소득이 많은 사람에게 높은 세율이 적용돼 연말정산 때 더 많은 세금을 돌려받을 수 있기 때문이다.

이때 중요한 것은 '똑똑한 카드'를
한 장 정해두고 집중 사용하는 것이다.
그렇게 하면 내 집 마련을 위해
대출을 받을 때 유리하다.
주거래 은행을 정한 뒤
그 은행의 카드를 집중적으로
사용하면 고객 등급이 높아져
대출시 금리를
우대 받을 수 있다. "

내가 이런 생활을 하게 된 것은 한움큼의 이 말에 속 아서였다.

"우리, 투명하게 살자. 서로 감추고 속이지 말고 샅샅 이 밝히면서 살자는 거야. 어때?"

그 말에 반대할 사람이 누가 있겠는가? 당연히 나는 찬성했다. 그런데 한움큼 그녀가 말한 투명한 생활이란 바로 '주머니'를 투명하게 보여주자는 것이었다. 나는 그 제안을 받아들여 스스로 가시밭길을 자초하고 말았 던 것이다.

4 계획을 변경하다

생활이 나를 속일지라도

힘들거나 괴로워하지 말자. 언젠가는 내게도 쨍하고 해뜰 날이

올 것이다. 더군다나 그녀는 절대 미워하지 말자.

　이것은 비참하다는 말 이외에는 달리 표현할 길이 없는 하루

하루를 견디면서 내 자신을 위로한 말이었다. 하루에도 수십 번

씩, '내가 왜 이렇게 살아야 하지' 그런 생각이 들 때마다 나는

주문처럼 그 말을 되뇌었다. 그렇게 하지 않으면 사고 칠 것 같았

기에.

　사람이란 참 신기한 존재이다. 내가 이런 말을 하는 데에는 다

이유가 있다.

한때 나는 화려한 생활을 접고 자린고비의 정신을 실천하기로 마음먹었던 적이 있었다. 실제로 나는 한동안 내 결의를 철저하게 지켰다. 그런데 그런 와중에 한움큼을 만났다. 무림 아니, 자린고비 세계의 절대고수인 그녀를 만난 뒤로 나는 슬슬 꾀가 나기 시작했다. 내가 억척을 떨지 않아도 한움큼이 알아서 할 것이라는, 흔히 말하는 믿는 구석이 있기 때문이었을 수도 있다.

아니면 나 백천만은 원래 자주성이 강한 성격이어서 자율적이라면 흔쾌하게 하지만 타율에 의한 것이라면 죽어도 하기 싫어하고, 자꾸 샛길로 빠지려는 습성을 가지고 있기 때문일 수도 있었다.

이유가 무엇이든지 간에 나는 결혼생활 3개월이 지나기도 전에 끊임없이 일탈의 기회를 노렸다. 여기서 내가 말하는 일탈이란 물론 '새로운 로맨스'를 지칭하는 것은 아니다. 나는 어떻게 하면 한움큼의 감시를 피해, 한움큼의 통제를 피해 딴 주머니를 찰 것인가, 그것이었다. 그리고 단 하루만이라도 예전의 화려하고 찬란했던 생활의 1/10의 생활이라도 누릴 수 있게 되기를 꿈꿨다.

그러나 그것이 어디 쉬운 일인가? 상대는 다른 누구도 아닌 한움큼이었다. KGB도 뺨칠 그녀 앞에서 내 꿈이 이뤄질 가능성은 도무지 없어 보였다.

　내가 꿈과 현실 사이에서 고통받고 괴로워하고 있던 어느 날이었다. 뜻밖에도 퇴근하여 집에 돌아오니 한움큼이 평소와는 달리 풀죽은 얼굴로 나를 맞았다. 그리고 내 얼굴을 두 손으로 감싸고 말했다.

　"자기야 힘들지?"

　이 여자가 왜 이래? 한움큼의 의도를 파악할 수 없었던 나는 겁에 질려 일단 부정부터 하고 보았다.

　"아니."

　"말은 그렇게 해도 힘든거 다 알아. 왜 힘이 안 들겠어?"

　드디어 한움큼이 철이 들어 인간 세계로 복귀한 것인가? 아니면 곰곰이 생각해보니 진실로 내가 불쌍하다는 생각이 든 것인가? 나는 마음을 놓으면서도 결정적인 '정치적인 멘트'를 놓치지 않았다.

　"나만 힘든가. 나야 견딜 수 있지만 당신이 걱정이지."

　"나는 괜찮아. 그래서 하는 말인데. 자기야, 우리 계획을 변경해야 할 것 같아."

　"계획을?"

　"그래. 내가 아무래도 계산을 잘못한 것 같아. 그래서 하는 말인데…."

"

1. 아파트 분양은 두말 할 것 없이 기존에 가입해 둔 본인과 부인 명의의 청약부금을 십분 활용하도록 한다.

2. 중도금 대출 등을 받을 때에는
최초주택자금대출을
활용하도록 한다.
집 값의 70% 이내에서
최고 1억 원까지
대출이 가능한 최초주택자금대출은
수도권 지역은
전용면적 85m² 이하의
신규 분양주택,
기타 지역은
2002년 3월 11일 이후
계약한 기존 주택이 대상이다.
또 대출기간이 20년으로 장기이며,
연 6%의 저렴한 금리가 적용되어
유리하다.
"

분양 신청 시기가 중요하다. 처음 마련하는 내 집 목표를 아파트로 정했다면 기존 아파트를 구입하는 것보다는 분양을 받아 입주하는 것이 유리하다는 것은 앞에서도 누누이 밝힌 적이 있다.

보통 지금 분양을 받는다면 앞으로 2년 후쯤 입주를 하게 된다. 새 아파트에 입주하는 것은 재산 증식의 효과도 기대할 수 있지만 이 밖에도 내 집 마련 자금을 마련하는 부담도 줄일 수 있다. 분양대금을 2년에 걸쳐 나눠 내기 때문에 한꺼번에 목돈이 들어가지 않아도 되며, 이것은 그만큼 대출이자 부담을 줄일 수 있다는 의미이다.

문제는 분양을 받는 시기이다.

분양을 신청할 때, 분양 받아 입주하는 시기를 기존에 가입한 근로자우대저축이나 정기적금 등의 만기와 일치시켜야 한다. 그렇게 하면 목돈 마련의 부담을 덜면서 금융비용 부담도 덜 수 있다.

만약 이런 점을 고려하지 않고 '내 집'을 빨리 마련하겠다는 의욕이 앞서 서둘러 분양 신청을 하게 되면 내 집 마련은 빨리 달성할 수 있겠지만 목돈 마련 부담과 금융비용 부담이 커진다. 현재 살고 있는 전세보증금과 적금, 정기저축을 해약하여 합하더라도 내 집 마련 자금은 절대적으로 부족할 수밖에 없다. 이럴 경우 결국 부족 자금 대부분을 대출로 조달할 수밖에 없기에 부담해야 하는 대출이자가 만만치 않다.

그래서 아파트 분양 및 대출전략이 필요하다.

어쩔 수 없는 사유가 발생하여 내 집 마련을 서둘러야 하는 경우에도 앞에서 언급한 두 가지 원칙은 지켜야 한다.

그 날 한움큼은 내게 많은 말을 했다. 하지만 핵심은 한마디로 이것이었다.

"서둘러 분양 신청을 해서 당첨이 되면 기분은 좋을지 모르지만 이후에 들어가는 금융비용 부담 등으로 손해를 보게 되어 있어. 그러니까 금융비용 부담을 최대한 줄일 수 있는 시점을 계산하여 분양 신청을 하는 거야."

이 말은 바꿔 말하면 이런 것이었다.

"손해를 보지 않으려면 내 집 마련 시기를 더 길게 잡아야만 해. 그러려면 어떻게 해야겠어? 당연히 자기하고 나하고 더 오래 참아야지."

그러니까 한움큼이 내게 힘들지 않느냐고 물어본 것은 다 이유가 있었던 것이다. 지금의 생활을 더 연장해야 하니 마음의 준비를 단단히 하라는 뜻이었다.

한움큼은 마지막으로 내게 물었다.

"자기도 견딜 수 있지?"

이럴 때 내가 무슨 말을 할 수 있단 말인가, 그냥 잠자코 있을 수밖에. 그러자 한움큼은 제멋대로 나의 침묵을 해석했다.

"자기도 내 뜻에 따라줄 거라고 예상은 했지만, 자기 힘들고 불쌍해서 어떻게 하나?"

이런 여우 같은! 결혼 첫날 약속하던 대로 딱 2년만

죽었다 생각하고, 내 인생에서 잃어버린 기간이라고 생각하고 참고 버틸 작정이었는데, 그것마저 틀어졌다.

그 날 밤이었다. 나는 더 이상 이렇게 살아갈 수는 없다고 생각했다. 내가 전면에 나서 지상 과제인 '내 집 마련'을 조속히, 완벽하게 해내고야 말 것이라는 다짐도 했다.

그 위대한 다짐을 한 다음날부터 나는 달라졌다.

5 경매로 시작된 헛발질

 부동산으로 돈을
번다? 두말 하면 잔소리다. 부동산으로 돈을 벌 수 있다
는 것은 어린아이들도 알고 있는 사실이다.

우리 사회의 부자들 중 절대 다수가 부동산을 통해 부
를 축적했다. 지금도 부동산은 돈을 벌 수 있는 가장 안
전한 투자 수단으로 인식되고 있다. 경기가 안 좋을수록
돈은 부동산 쪽으로 몰린다고 한다.

오죽하면 IMF 때도 부동산 시장에는 돈이 몰렸다고
하지 않던가. 그뿐인가? 부동산은 가끔 그 어떤 투자 대

상과도 비교할 수 없는 큰 이익도 가져다준다.

하지만 어떻게 된 일인지 우리 사회에서는 부동산을 통해 돈을 벌었다고 하면 곱지 않은 시선으로 바라본다. 설령 부동산으로 돈을 벌었다고 하더라도 그 사실을 당당하게 밝히는 사람은 많지 않다. 왜냐하면 부동산으로 돈을 버는 것은 '투자'라고 불리지 않고 '투기'라는 말로 불려지기 때문이다.

내가 부동산에 대하여 알고 있는 것은 이 정도였다. 위대한 다짐을 실천으로 옮기기에는 기초 지식이 너무 부족했던 것이다.

적을 알아야 전쟁에서 이기는 법이라고 했다. 돈을 버는 것도 마찬가지이다. 돈을 벌려고 하는 대상에 대하여 정확하고 풍부한 정보는 필수였다. 나는 부동산으로 돈 버는 방법을 연구하기 시작했다. 그러나 책에 나와 있는 방법대로 한다고 돈이 벌리던가? 깊이 알면 알수록 아리송해지고 점점 더 자신 없어지는 것이 책에서 권하는 방법의 한계 아니던가. 내 생각에는 책을 통해서 돈 버는 방법을 익히지 못하는 이유는 두 가지 중의 하나인 것 같다. 책임지기 싫어서 결정적인 결론 부분에서 슬쩍 꼬리를 감추거나 아니면 알려주기 싫어서 그럴 것이다. 어쨌든 책을 보고 부자가 됐다는 경우를 본 적이 없다는 말은 틀림없는 사실이었다.

내가 택한 방법은 '실전 경험'을 전수 받는 것이었다. 나는 부동산에 관한 전문가들을 찾아 나섰다. 내가 찾아 나선 부동산 전문가란 부동산으로 돈을 벌었다고 소문이 난 사람들이다.

주변에서 그런 사람들을 찾는 일은 그렇게 어렵지 않았다. 누가 무엇으로 돈을 벌었다는 소문은 본인이 하지 않아도 주변에서 먼저 아는 법이라고 했다.

누구는 뭐로 돈을 벌었고, 누구는 무엇을 해서 돈을 벌었다는 식으로.

내가 첫 번째 스승으로 모신 사람은 회사 선배였다. 그는 어린 나이에(고작해야 나보다 세 살 많으면서도) 아파트를 두 채나 가지고 있는, 내 처지와는 비교할 수 없는 부를 갖추고 있었다.

"그걸 맨입에 공짜로 알려주는 사람이 어디 있어? 최소한 입술에 쓴 소주라도 적셔야 알려주지."

으, 있는 놈이 더 한다더니.

하지만 비법을 전수 받기 위해서는 할 수 없었다. 나는 원하는 것이 있었다. 그렇기에 나는 정말 맞아죽을 각오를 하고(사실은 맞는 것보다 술값이 상쇄될 때까지 줄어들 용돈과 함께 기다리고 있는 인고의 시간이 더욱 두려웠지만) 그 선배와 함께 낙지볶음 집에서 마주앉았다.

소주잔이 오고가고 난 뒤였다. 아까운 낙지를 다 먹어치우고 야채만 남은 접시를 뒤적이던 그 선배가 입을 열었다.

"이 답답한 친구야. 언제 한 푼 두 푼 모아서 집을 장

만해? 다 방법을 써야지. 이건 너한테만 알려주는 거니까 다른 사람한테는 절대 말하면 안 돼. 알았지?"

그 선배는 내게서 몇 차례나 다짐을 받은 뒤에 비법을 공개했다.

"난 경매를 했어. 경매라고 하면 조금 꺼려지지? 하지만 그렇게 생각하면 안 돼. 어차피 내가 안 해도 누군가 할 거라고. 그리고 나라에서도 허용하는 일이라고…."

그 선배의 말을 다 듣고 난 뒤에 내가 받은 첫 느낌은 '세상에 공짜는 없다' 바로 그것이었다. 나는 그 느낌을 선배에게 솔직하게 말했다.

"쉽지 않을 것 같은데요."

그러자 그 선배는 큰소리로 웃었다. 한참동안 웃던 그 선배는 내게 이렇게 말했다.

"지금까지 얘기한 것은 장난이야, 장난."

"아니 그렇게 복잡한 것 말고 또 더 어려운 것이 있단 말이에요?"

"말하면 잔소리지. 가장 힘든 것은 기존에 살고 있는 세입자들을 쫓아낼 때야."

그 선배는 내게 생생한 경험담을 들려주었다. 나갈 곳이 없다면서 버티는 세입자들을 찾아가 달래보기도 하고 윽박지르기도 하는 것은 보통이라고 했다. 우편물로 몇 번 경고를 준 뒤에 법원 직원의 도움을 얻어 그들을 쫓아낼 때는 자신도 인간인지라 눈시울이 젖었단다. 거기에 더 억척스런 세입자에게는 법원의 명령을 받아서 집행을 해야만 하기에 보통 절차가 복잡하고 까다로운 것이 아니라는 것이었다.

"그러니까 경매를 하려면 핵심은 이거야. 물건분석, 권리분석 그리고 마지막으로 과감하게 세입자들을 내쫓을 수 있는 배짱과 법원 절차에 해박할 것."

나는 고개를 젓고 말았다. 그리고 그 선배에게 고백했다.

5 경매로 시작된 헛발질

경매로 부동산을 구입하면 일반적으로 부동산을 구입하는 것보다 저렴한 가격에 구입할 수 있다. 가능하면 낮은 낙찰 가격에 구입할 수 있는 것, 이것이 경매의 가장 큰 매력이다. 실제로 경매는 부동산을 가장 싼 가격에 구입할 수 있는 방법이다.

이런 장점 때문에 경매에 참가하여 낙찰을 받는 것은 무척 어렵다. 경매 부동산을 취득하기 위해서는 불특정 다수와의 경쟁에서 이겨야 한다. 경쟁도 치열하다.

경쟁이라는 이유말고도 경매에 참가하기 위해서는 꽤 까다로운 절차를 철저하게 준비해야만 한다. 기본적인 준비 사항은 다음과 같다.

1. 법률적 문제의 분석과 수익성 분석이 필요하다. 경매로 부동산을 구입하는 것은 매우 까다로운 절차를 거쳐야만 한다. 경매로 구입을 허락 받는, 즉 경락을 받기 위해서 법률적인 분석과 함께 해당 부동산의 투자성 및 특성들을 분석해야 한다.

2. 경매와 관련된 기본적인 상식이 필요하다. 경매는 법적 절차의 한 방법이기 때문에 관련 상식과 지식을 갖추지 않으면 경매 현장에서 불이익을 당하거나 아예 경매에 참가할 수 없다.

앞에서 예를 든 것은 경매에 참가하기 전에 갖춰야 할 기본적인 소양이다. 이것말고도 경매에 참가하기 위해서는 세심하게 고려해야 할 것들이 있다.

■ 경매에 참가하기 전 고려해야 할 일곱 가지 사항

1. 자금 사정을 고려해 투자 가능한 부동산 상품을 물색하는 것이 중요하다. 보통 아파트는 소형이 아닌 경우 소액으로 투자하기가 어렵다. 이때 대안으로 떠오르는 것이 연립과 빌라 등 공동주택이다.

2. 가장 중요한 것은 자신이 확보하고 있는(혹은 확보할 수 있는) 자금과 물건의 최초 감정가액 등을 비교해 보는 것이다. 보통 경락 가격은 최초 감정가액보다 낮은 수준에서 형성된다.

3. 경락을 받았다고 해서 즉시 경매대금을 모두 납부해야 하는 것은 아니다. 보통 최종 납부까지는 법률이 정한 몇 개월의 기간이 주어진다는 점을 고려하여 경매 계획을 세우면 된다.

4. 경매에서 중요한 것은 정보이다. 경매 공고는 각 일간지와 부동산 관련 신문, 관련 인터넷 사이트 등을 통해 법원 공고가 게재된다. 경매에 참가할 계획이라면 항상 정보를 가까이 해야만 한다.

5. 스스로 물건을 분석할 수 있어야 한다. 물건분석을 못 하면 어렵게 경락을 받아도 오히려 손해를 보는 경우가 많다. 물건분석은 경매로 구입하려는 부동산의 가격 및 인근 부동산의 시세, 교통여건, 주차문제 등을 주요 내용으로 한다. 따라서 현장 실사는 필수라고 할 수 있다.

6. 경락 후의 어려움을 해결할 수 있어야 한다. 이것은 경매 물건의 권리분석과도 밀접한 관련을 가지고 있다. 경락을 받더라도 세입자, 채권자 등의 권리 우선 순위에서 밀리면 헛수고만 하게 된다.

7. 이처럼 까다로운 경매에 참가하기 위해서는 본인의 노력과 공이 필요하다. 경매진행과정과 권리분석관계, 물건파악방법 등을 배우고 법원 입찰장을 찾아 노하우를 익혀야 한다.

"물건분석이나 권리분석까지는 공부하면 할 수 있겠지만 나머지는 힘들겠어요."

"그것 봐, 이 친구야! 다른 사람이 돈 벌었다고 나도 돈 벌 수 있는 것이 아니라니까."

그 선배와 헤어지면서 나는 우쒸, 우쒸 하는 소리가 연달아 나왔다. 내 위대한 다짐의 첫 번째 시도는 헛발질로 끝났고 거기에 예상하지 못했던 지출까지 해야 했으니.

내 집 마련의 묘수를 찾아들고 의기양양하게 귀가하려던 나는 초라하게 어깨를 늘어뜨리고, 터벅터벅 걸었다.

6 두 번째 헛발질에서 배운 교훈

아파트만 집이야?
그럼 아파트가 아닌, 다른 집에서 사는 사람들은 뭐야?
다른 집도 집이라고. 아파트만 집이 아니라는, 다른 집
도 집이 될 수 있다는 사실을 발견한 것은 획기적인 일
이었다. 그것은 마치 '코페르니쿠스의 발견'과도 같은
일이었다.

발상의 전환만으로도 사람은 얼마든지 행복해질 수
있었다. 굳이 아파트가 아니더라도 백천만이라는 이름
석자가 박힌 문패를 걸 수만 있다면 집의 형태가 무엇이

첫 번째 내 집 마련, 아파트를 선호하는 데에는 이유가 있다

든지 간에 무슨 상관이 있겠는가. 우리보다 훨씬 잘사는, 삶의 질이 높다는 미국이나 서유럽에서도 주택은 소유의 개념이 아니라 주거의 개념이라고 하지 않던가. 부동산에 대한 집착이 우리 못지 않은 일본만 하더라도 겨우 20평 남짓한 주택에서 4인 가족이 살아가는 것이 표준형이라고 하지 않던가.

언제까지 내 집 타령을 하면서 인생을 비참하게 살아갈 것인가. 나, 백천만은 이 세상에서 단 하나뿐인 고귀한 인격체이다. 그렇기에 나도 인생을 충분히 즐기면서, 인생을 향유하면서 살아갈 자격이 있다.

지금 이 순간 욕심을 버리면 나도 그렇게 살아갈 수 있다. 도대체 재물이란 무엇이더냐? 소유하면 소유할수록 욕심만 커지고 번민만 늘어나는 것을….

그 결심을 하는 순간이었다. 서구 여러 나라의 예를 드는 나는 지극히 이성적인 합리주의자가 되어 있었고 소유의 덧없음을 깨달은 순간에는 '산승' 이 되어 있었다.

발상의 전환을 한 순간, 나는 그것을 실천에 옮겼다. 물론 한움큼에게는 일언반구도 하지 않았다. 한움큼 그녀는 어떤 희생을 무릅쓰고라도 처음에 계획한대로 '내 집=아파트' 공식을 포기하지 않을 테니까.

내 집 마련은 최소의 비용으로, 최단 시간에 한다.

남는 시간과 여력은 인생을 향유하면서 살아가기로 결정한 뒤

에 나는 퇴근이 늦어졌다. 한움큼에게는 회사에 급한 일
이 생겨서 늦어진다고 둘러댔다. 만약 일이 성사되기 전
에 한움큼이 알게 되면 모든 것이 수포로 돌아갈 것이
분명했기에.

퇴근 뒤에 집으로 돌아가기까지 비는 시간 동안 내가
한 일은 연립이나 다세대 주택을 알아보는 것이었다. 한
움큼의 맘에 들만한 연립이나 다세대 주택을 구하는 것
이 목표였다.

일 주일 동안 발품을 판 뒤에 나는 마음에 쏙 드는 집
을 발견했다. 4층짜리 신축 연립주택이었는데, 주변에
약수터와 공원이 있어서 나와 한움큼이 살기에는 딱, 맞
춤이었다. 나는 집 구경을 마친 뒤 며칠 뒤에 계약을 하
러 오겠노라고 말했다. 집으로 돌아오면서 나는 한움큼
을 어떻게 설득할 것인가 고민했다. 내가 찾아낸 방법은
한 가지였다. 그것은 대화로 문제를 풀어나가는 왕도이
기도 했다. 솔직하게 말하고 이해를 구하자! 그것이었다.

저녁을 먹을 때였다. 나는 집에 들어가기 전에 사들고
들어간 소주를 한움큼에게 따라주면서 지난 일 주일 동
안 내가 한 일들을 들려주었다. 그리고 한움큼의 대답을
기다렸다. 내 말을 들은 한움큼은 한동안 말없이 내 얼
굴을 바라보았다.

우리 사회에서 부동산은 단지 주거의 개념만이 아니라 재산 증식의 수단이기도 하다. 부동산이 재산 증식의 수단이 되는 것은 비단 우리 사회의 현상만은 아니다. 정도의 차이가 있을 뿐이지 어느 사회나 부동산은 재산으로 인정받고 있으며 또한 사고 파는 과정을 통해 재산 증식의 방법으로 인정받고 있다.

부동산을 사고 파는 것은 재산 증식을 위한 필수적인 단계이다. 따라서 매입과 매도를 할 때는 특별히 주의를 해야 한다. 부동산은 다른 재산과는 달리 큰돈이 오고가는 거래이기 때문이다. 특히 부동산은 한 번의 실수로 인해 재산상의 큰 불이익을 볼 수도 있다는 점을 명심해야 한다.

손해를 보지 않고 나아가서 재산 증식을 이루기 위해서는 부동산 거래에 앞서 여러 가지 사항들을 살펴보고 결정해야 한다. 부동산 거래를 앞두고 해야 할 것은 다음과 같은 것들이 있다.

1. 부동산을 구입하기 위해서는 부지런해야 한다. 발품을 많이 팔아야 한다는 뜻이다.
특히 중개업자의 말만 믿지 말고 스스로 물건조사와 현장 방문 및 권리분석을 해야 한다.

2. 부동산의 가격이 싸다고 해서 무조건 구입하는 것은 금물이다. 구입하려는 부동산의 가격이 인근 부동산 가격보다 시세가 현저하게 낮은 경우에는 시설과 법률상의 하자가 있을 수 있으므로 주의해야 한다. 그러므로 현장 방문을 반드시 해야 한다.

3. 정보수집을 게을리 하지 말아야 한다. 부동산은 기본적으로 주변의 개발 여부에 따라 가격상승폭이 결정된다. 따라서 부동산을 구입하기 전에 각종 개발계획과 도시계획도 등을 살펴 매입하려는 부동산에 영향을 미칠 수 있는 지를 살핀다. 지역여건을 고려하여 향후 발전가능성이 높은 지역을 선택하는 것은 물론이다.

4. 부동산을 매입하기 전에 환금성을 고려해야 한다. 아무리 투자가치가 높은 물건일지라도 환금성이 없으면 나중에 현금화가 어렵다. 따라서 부동산을 구입하기 전에 단기간에 팔릴 수 있는 물건인지를 파악하는 것이 매우 중요하다. 이후 수요가 높은 지역이나 물건을 물색하는 것도 그런 까닭이다.

5. 모든 상품과 마찬가지로 부동산은 안 팔리는 물건일수록 지원 사항 등이 포장되어 있기 쉽다. 따라서 부동산의 외관보다 실제 가치를 판단하는 것이 매우 중요하며 상품 가치를 파악하는 것이 매우 중요하다.

6. 시장성이 입증된 지역의 부동산을 구입해야 한다. 부동산은 한번 잘못 구입하면 큰 낭패를 볼 수 있다. 따라서 약간 가격이 높더라도 수요자들이 선호하는 지역의 부동산을 구입하는 것이 현명하다. 이 점이 부동산 관련 정보에 밝아야 하는 이유이기도 하다.

한움큼의 표정은 내가 가여워서 못 견디겠다는 듯한 그런 표정
이었다. 한참만에 한움큼이 입을 열었다.

"자기가 많이 힘든 줄은 알아. 그런데 자기에게 묻고 싶은 것이
있어. 자기는 그렇게 자신이 없어?"

여기에 느닷없이 자신감은 왜 들먹이는 거지? 나는 영문을 몰
라 한움큼을 바라보았다.

"만약에 자기가 내가 말하는 조건에 처해 있다면 찬성할 거야.
자기 직장생활 그만 할거야? 아니면 곧 회사에서 잘려?"

"아니."

"그럼, 우리 사이에는 아직 아이가 없으니까, 혹시 자기 나하고
결혼하기 전에 사고 쳐서 숨겨둔 아이가 있어? 그래서 그 아이가
학교 들어갈 때가 됐어?"

"무슨 소리야?"

"학교에 갈 아이가 있는 것도 아니고, 자기가 은퇴할 나이가 아
닌 것도 확실하고. 그럼 뭐지? 혹시 집주인이 계약 기간도 안 됐
는데 자기한테 전세금 올려달라고 연락이라도 했어?"

"그런 거 아니라니까. 나는 단지….."

"그런데 사람이 왜 그래? 지금 당장 편하게 살자고 그렇게 하
자는 거야? 자기는 집이 뭔지나 알아? 우리 사회에서 집은 그냥
생활하는 집만 말하는 게 아니라는 것 자기도 알잖아? 자기가 다
른 재주가 있는 것도 아니고 회사만 다녀서 언제 돈 모을 거야?

항상 이렇게 살 거야? 우리 사회에서 집은 재테크의 수
단이라는 것 몰라서 이런 말하는 거야?"

아파트, 오피스텔, 주상복합형 아파트, 단독주택, 상가건물 등 대부분의 부동산은 정도의 차이는 있지만 시간이 지남에 따라 가격이 상승하는 것이 보통이다. 그리고 이런 부동산들은 경기 변화 혹은 부동산 시장의 흐름에 민감하게 반응하여 큰 폭으로 상승하는 경우도 있다. 하지만 이와 같은 우리나라 부동산 시장의 흐름에 비껴 서 있는 것이 있다. 바로 연립이나 다세대 주택이다

연립과 다세대 주택의 경우 가격이 제자리걸음을 하고 있거나 상승한 지역이라고 해도 소폭의 상승에 그치는 경우가 많다. 하지만 이것은 다른 부동산과의 비교에서 오는 상대적 박탈감이라고 할 수 있다.

본격적으로 부동산 경기가 회복되거나 전세 수요 등이 늘어나면 연립과 다세대 주택도 가격상승이 예상된다. 따라서 연립과 다세대 주택도 잘만 고르면 재산 증식의 한 방편이 될 수 있다.

연립이나 다세대 주택은 재산 증식보다는 실수요자에게 유력한 내 집 마련의 기회를 제공한다. 연립이나 다세대 주택은 같은 지역의 아파트 전세가격 정도에 내 집으로 소유할 수 있다. 따라서 치솟는 전월세 가격을 감당하기 벅차거나 소득이 획기적으로 늘어나기 힘든, 은퇴를 앞둔 계층이라면 적극 고려해 볼 만하다.
연립이나 다세대 주택을 구입시에 고려해야 할 점은 다음과 같다.

1. 일정 규모의 단지가 형성되어 있는지를 살펴보도록 한다. 아파트에 비해 연립과 다세대 주택의 단점은 편의시설 이용이 불편한 점이다. 그러나 일정 규모의 단지가 형성된 연립과 다세대 주택의 경우 편의시설을 잘 갖추고 있으므로 일정 규모의 단지가 형성되어 있는 지역을 선택하는 것이 유리하다. 일정 규모의 단지가 형성되면 이후 건물 노후시에 재건축 등에서도 유리하다.

2. 아파트와 연립이나 다세대 주택의 가장 큰 차이점은 바로 지상권이다. 아파트는 각 가구마다 분양 받은 평수에 대하여 지상권을 인정하지만 연립이나 다세대 주택은 건물이 선 대지에 대해서만 권리를 인정하고 있다. 이것이 아파트와 연립이나 다세대 주택의 가격이 차이 나는 가장 중요한 이유이다. 따라서 연립이나 다세대 주택을 구입시에는 반드시 권리분석을 해야 한다.

3. 임대가격이 높은 곳을 물색해야 한다. 연립과 다세대 주택의 경우 구입한 후 본인이 살기도 하지만 임대를 놓는 경우도 있다. 만약 임대를 놓을 예정이라면 임대가격이 높게 형성된 지역의 물건을 구입해야 초기 투자비용이 적게 들어가며, 가격상승 가능성도 높다.
보통 임대 가격이 높게 형성되는 지역은 임대수요가 많은 역세권이나 대학교 인근을 꼽을 수 있다.

4. 하자보수 문제도 체크해야 한다. 하자보수는 건축업자의 책임 여부와 함께 기간 등을 충분히 살펴보아야 한다. 또한 신축건물이 아니라면 주택의 하자보수 유무를 살펴야 하며,

만약 주택이 낡았을 경우에는 개·보수비용도 함께 체크해야 한다.

5. 주차여건과 내부공간을 살피는데도 세심한 주의를 기울여야 한다. 특히 연립이나 다세대 주택은 주차공간을 충분히 확보하지 못하고 있는 경우가 많다.
따라서 최소한 1가구 1차량 이상의 주차장을 확보하여 주차문제를 해결할 수 있는 주택을 골라야 한다. 또한 주택 내부 공간의 효율적인 배치와 상태 등을 세심하게 살펴야 한다.

6. 획일적으로 평형배치가 이루어진 주택은 피하도록 한다. 연립과 다세대 주택의 경우 일조량이 매우 중요한데, 획일적인 평형으로 건립된 주택은 주택의 일조량 확보가 불리하다. 가능하면 동남향의 주택을 구입하는 것이 유리하다.

7. 연립이나 다세대 주택은 보통 소규모 건축업자에 의해 시공되는 것을 감안하여 내부자재 및 설비도 꼼꼼하게 체크해야 한다. 관리비와 직결되는 난방시설을 확인하는 것은 기본이며, 내부공사 마감상태 등도 꼼꼼히 살펴야 한다.

알기 쉬운 부동산 지식 : 부동산 취득, 보유, 양도 관련 세금

취득세 – 부동산 취득 가격의 2/100에 해당하는 금액(전액 감면)을 잔금 납부일로부터 30일(국민주택기금이 있는 경우는 등기일) 이내에 아파트 소재 지방자치단체 세무과에 자진 납부한다.

등록세 – 부동산 취득 가격의 3/100에 해당하는 금액을 잔금납부일로부터 60일 이내에 아파트 소재 지방자치단체 세무과에 자진 납부한다.
※ 분양회사로부터 최초 분양시 전용 면적 60㎡ 이하는 50% 감면, 40㎡ 이하는 전액 감면된다.

교육세 – 등록세 납부시 함께 납부하게 되며 납세액은 등록세액의 20/100이다.

재산세 – 매년 5월 1일 현재 아파트를 보유하고 있으면 아파트의 과세시가표준액의 3/1000에 해당하는 금액을 당해 연도 6월 30일까지 해당 지방자치단체에 납부해야 한다.

종합토지세 – 매년 6월 1일 현재 토지(아파트공유지분 포함)를 보유하고 있으면 당해 토지의 과세시가표준액의 2/1000에 해당하는 금액(전용 면적 40㎡ 이하 주택은 50% 감면)을 당해 연도 10월 1일부터 1달 이내에 해당 지방자치단체에 납부해야 한다.

도시계획세 – 종합토지세와 재산세 납부시 함께 납부하게 되며 납세액은 과세시가표준액(공시가격)의 2/1000이다.
[발췌 – http://www.googida.com]

7 일장춘몽으로 끝난 세 번째 헛발질

 그 녀석의 이야기를 듣는
순간 나는 손바닥으로 이마를 쳤다.

"아하, 그런 방법도 있었구나!"

연립이나 다세대 주택을 통해 내 집 마련을 하려던 나는 우연히 만난 친구 녀석의 이야기를 듣고 가뭄 속에 한줄기 소나기를 만난 느낌이었다. 녀석이 내게 알려준 방법은 조합아파트였다. 친구 녀석은 일찌감치 조합아파트를 통해 내 집 마련을 실현하기로 마음먹고 준비를 하고 있었다.

내가 왜 진작 그 방법을 생각하지 못했을까? 나는 그 사실을 뼈저리게 후회했다. 나는 친구 녀석과 헤어진 뒤에 즉각 조합아파트 공부를 시작했다.

조합아파트에 대하여 공부를 하면서 나는 실망감이 커졌다. 내 스스로 이마를 치게 만들었던, 내가 몰랐던 그 방법은 내게는 맞지 않는 방법이었던 것이다. 내가 실망을 하게 된 것은 무엇보다 분양 받을 수 있는 조합아파트 물량이 많지 않다는 점이었다.

눈 씻고 찾아봐도 내가 원하는 지역에, 내가 원하는 가격에 맞는 조합아파트는 드물었다.

내가 조합아파트를 포기한 두 번째 이유는 자금조달이 쉽지 않다는 점이었다. 애당초 조합아파트를 염두에 두고 목돈을 만들 계획을 세우지 않았기에 계약서에 서명을 하는 것과 동시에 돈을 납입하는 것은 부담이 아닐 수 없었다.

그리고 계약 이후에도 계속하여 돈을 납입해야 하는데, 그것은 나 혼자 결정할 사안이 아니었다. 실질적인 결재권자인 한움큼의 동의가 필요한 사안이었다.

거기에서 나는 내가 알고 있는 한움큼의 성격과 조합아파트의 납입 특징을 생각해보았다. '한움큼이 이미 들었던 청약저축, 적금 등을 손해를 무릅쓰고 중도에 해지를 할까? 그리고 애당초 계획에 없던 일을 순순히 받

조합아파트, 결코 만만하지 않다

아들일까?' 내가 알고 있는 한움큼의 성격상 그것은 절대 불가능한 일이었다.

나는 조합아파트의 꿈을 접었다. 내가 조합아파트의 꿈을 접게 된 데에는 조합원의 자격과 책임이라는 부분도 많이 작용하였다. 나야말로 마음이 맞는 몇몇 사람들과는 잘 어울리지만 불특정 다수의 대중과 어떤 일을 도모하기에는 문제가 많은 인간이었다. 왜? 나는 개인적이니까. 의사 결정에 참가하여 발언을 하는 것도 끔찍한 노릇이었지만 내가 참가하지 않은 회의에서 결정된 사항에 순순히 따라야 하는 것은 더욱 견딜 수 없는 일이었다.

마음속에 두고 있던 조합아파트를 접기로 결심한 날, 나는 한움큼에게 그 사실을 말했다. 그러자 내 팔베개를 베고 누워 있던 한움큼은 이해할 수 없다는 듯이, 내 얼굴을 빤히 바라보다가 말했다.

"이제 철이 들려나? 원래 그런 거야. 처음에 마음먹은 대로 우직하게 가는 것이 돈을 모으는 가장 좋은 방법이야."

모처럼 한움큼으로부터 칭찬을 들은 나는 기분이 좋아졌다. 어느 사이에 나는 한움큼과 코드가 맞아 떨어지는 사람이 되어 가는가? 나는 그렇게 생각했다. 물론 한순간의 오해였다는 것이 얼마 지나지 않아서 증명되었지만.

부동산 취득, 처분시의 주의사항

등기

부동산을 취득하거나 양도할 경우에는 잔금 지급일로부터 60일 이내에 부동산에 대한 이전 등기를 완료해야 하며 위반시 등록세액의 30%까지 과태료가 부과되며 미등기 전매시에는 형사처벌을 받을 수 있다.

공동주택 소유권행사

공동주택을 소유 · 임차할 경우 소유권 및 임차권이 미치는 범위는 주택전용부분만이다. 따라서 공용부분은 공동주택 입주민들이 사용권과 관리권에 대한 의무를 공동으로 부담하게 된다.

[발췌 – http://www.googida.com]

조합아파트. 저렴하다고 만만하게 보면 큰코다친다. 재산 증식의 기본은 투자 액수 대비 많은 이득을 가져오는 것이다. 부동산을 통한 재산 증식의 기본은 싼 가격에 구입해 높은 가격으로 파는 것이다.

하지만 싼 가격에 사서 높은 이득을 갖는 것이 쉬운 일은 아니다. 특히 '싼 게 비지떡'이라는 말처럼 싼 물건을 구입할수록 각별한 주의가 요구된다. 싼 가격에 구입하여 높은 이득을 실현하는 방법은 무엇인가? 두말 할 것 없이 기초에 충실해야만 한다는 것이다.

조합아파트는 일반 분양 아파트에 비해 저렴하다고 알려져 있다. 일반에 알려진 것처럼 실제로 조합아파트의 경우 일반 아파트보다 공급가격이 저렴한 것이 사실이다.

사람들이 조합아파트를 선호하는 가장 큰 이유는 저렴한 가격 때문이다. 하지만 조합아파트에도 약점은 있다. 가장 큰 약점은 자칫하면 금융비용 부담이 커질 수도 있다는 점이다. 조합아파트는 가격이 저렴한데 비해 공사 지연 등으로 금융비용이 가중될 수 있다.

■ 조합아파트 구입 전 주의할 점

1. 분양 받을 때 착공시기와 입주시기가 언제인가를 반드시 확인해야 한다. 앞에서 예를 든 것처럼 조합아파트의 단점은 입주시기가 지연될 가능성이 높은 점이다. 따라서 착공시기와 입주시기 등등 공사계획의 현실성과 체계적이며 정밀하게 수립되어 있는지를 조합에 확인해야 한다.

2. 공급가격이 합리적으로 산출되었는지, 적정한 지를 확인해야 한다. 조합아파트는 일반 아파트보다 가격은 저렴한 편이지만 간혹 분양 회사의 과대 광고로 포장되어 있을 수 있다. 따라서 광고에 현혹되어 계약을 서둘지 말고 '발품'을 팔아야만 한다. 본인이 직접 주변시세와 인근에 분양되는 아파트의 가격을 비교해 보는 것이 중요하다.

3. 조합아파트의 경우 종종 공사 진척 상황에 따라 분양가격이 추가 상승되는 경우가 많다. 그럴 경우 미리 세워 놓은 자금계획과 맞지 않아 어려움을 겪을 수도 있다. 따라서 반드시 공급가격이 확정된 분양가격인지를 확실하게 체크해야 한다.

4. 욕심을 내기보다는 자신의 능력을 먼저 고려해야 한다. 이것은 동원할 수 있고 감당할 수 있는 자금을 먼저 고려하고 거기에 따라 신청 여부를 결정해야 한다는 것이다.
조합아파트의 경우 공급가격이 싸다는 이점을 생각해서 무리하게 먼저 신청부터 하는 사람들이 많다. 따라서 자금사정으로 인해 해약하는 사례가 종종 발생한다.
그나마 약간의 불이익을 감수하더라도 해약이 가능한 경우는 사정이 나은 편이다. 경우에 따라서는 조합의 사업추진과 자금사정에 따라 해약이 어려운 경우도 있다. 그렇기에 반드시 자금사정을 감안해 아파트를 분양 받아야 한다.

5. 조합아파트는 시행사가 해당 조합이다. 따라서 계약을 한 당사자가 곧 사업주체가 된다는 것을 명심해야 한다. 조합아파트를 분양 받는 것은 조합에 가입하여 조합원의 신분을 얻는 것을 뜻한다. 이것은 바로 본인이 사업주체라는 뜻이다.

따라서 조합의 운영은 물론 사업이나 공사 지연 등의 문제가 발생할 때는 조합원인 본인에게도 책임이 주어진다.
이런 이유로 조합아파트를 분양 받기 전에 사업 진행 전반에 걸쳐 조합 측과 시공사 측과의 원활한 합의가 이루어지는 지를 따져보아야만 한다.

6. 마지막으로 조합원 가입신청서를 작성할 때 계약서의 문구를 확인해야 한다. 조합아파트를 분양 받는 경우에는 조합원가입신청서를 작성한다. 이때 간혹 계약서상에 조합원에게 불리한 조항이 있을 수 있으므로 모든 내용을 꼼꼼하게 체크해야 한다.

아파트와 연립이나 다세대 주택의 가장 큰 차이점은 바로 지상권이다. 아파트는 각 가구마다 분양 받은 평수에 대하여 지상권을 인정하지만 연립이나 다세대 주택은 건물이 선 대지에 대해서만 권리를 인정하고 있다. 이것이 아파트와 연립이나 다세대 주택의 가격이 차이 나는 가장 중요한 이유이다. 따라서 연립이나 다세대 주택을 구입시에는 반드시 권리분석을 해야 한다.

8 | 이것은 내 것이 아닌가봐

 신문기사를 보는 순간 나는 온몸이 부들부들 떨리는 것만 같았다. 그것은 부동산 기사였는데, 엄청난 시세차익을 거뒀으며 지금도 가격이 천정부지로 뛰고 있는 재건축아파트에 관한 기사였다.

나는 곁에 있던 한움큼에게 신문을 내밀었다. 내 행동에는 한움큼이 기사를 보고 난 뒤에 깨달음을 얻으라는 간곡한 뜻이 담겨 있었다.

"이게 뭐야?"

"읽어봐."

내가 읽으라고 권하지 않았어도 한움큼은 그 기사를 읽었을 것이다. 한움큼은 신문·방송에 올라오는 다른 뉴스는 취급하지 않아도 부동산 관련 기사, 재테크 관련 뉴스는 빠뜨리는 법이 없었다. 예상대로 한움큼은 내가 내민 신문을 숨도 쉬지 않고 단번에 읽어 내려갔다.

어느 정도 기사의 내용을 파악했을 것이다 하는 그 시점에 나는 한움큼에게 슬쩍 말을 건넸다.

"어때?"

"뭐가?"

"화나지 않아? 우리는 이렇게 고생하면서 아파트 한 채 가지려고 노력하는데 어떤 사람들은 재개발된다는 이유만으로 가만히 앉아서 돈을 벌잖아?"

"그것이 왜 화나는 일이야?"

"뭐라고?"

"생각해봐. 다른 지역에 비해서 이상 과열 현상을 보이기는 하지만 그게 뭐 어쨌다는 거야? 물론 투기를 목적으로 한 사람이 대여섯 채씩 집을 사들이는 것은 당연히 규제를 해야지. 하지만 그 지역에서 살았던 사람들 입장에서 생각해보면, 그 사람들은 안목이 있었다고 할 수 있잖아? 다들 넓은 집에서 살기를 원하는데 그 지역 사람들은 불편한 것을 참으면서 지금까지 참았잖아. 왜

재개발·재건축 아파트도 손해를 볼 수 있다

그랬겠어? 교육환경이 우수하니까 아이들을 위해서 그리고 언젠가는 개발 이익을 얻을 것이라는 믿음 때문에 거기에서 산 것이잖아. 그리고 예상했던 대로 개발 이익을 얻는 것이고."

"허, 참!"

나는 한움큼의 말을 들으면서 기가 찼다. 하지만 한움큼은 자기 생각을 굽히려 들지 않았다.

"그러니까 자기도 딴 생각하지 말고 내가 하자는 대로 해. 그 지역에서 봤잖아? 처음 장만하는 집이 나중에 얼마나 큰 효자 노릇을 하는지 말이야."

"넌 화도 안 나니? 우리가 집 장만하는 것이 점점 더 어려워졌는데도?"

"자기야, 우리가 언제 강남 가서 살자고 약속한 적 있어? 없잖아. 지금은 서울 시내에 있는 아파트 한 채가 목표잖아. 그리고 열심히, 현명하게 살다보면 우리도 언젠가는 갈 수 있겠지."

나는 태연하게 말하는 한움큼의 얼굴을 바라보다가 머리를 한 대 쥐어박고 싶은 충동이 일어나는 것을 가까스로 참았다. '그래, 너 잘났다'라는 말과 함께.

"내가 재개발아파트는 어떻게 골라야 하는지 알려줄까?"

'마음대로 하셔' 나는 속으로 그렇게 대꾸했다. 한움큼은 내 속마음을 읽기라도 했는지 재개발·재건축 아파트에 관하여 강의를 하기 시작했다.

"재개발아파트 투자 요령의 키포인트는 어떻게 구입하느냐에 달려 있어…."

재개발·재건축 아파트의 가장 큰 매력은 투자 수익성이다. 바로 이 투자 수익성이 높기 때문에 많은 부동산 투자가들이 가장 선호하는 상품이 된 것이다. 하지만 모든 투자가 그런 것처럼 재개발·재건축 아파트 투자가 모두에게 높은 수익성을 안겨 주는 것은 아니다.

분명한 것은 재개발·재건축 아파트는 현재의 물건에 투자를 하는 것이 아니라는 사실이다. 재개발·재건축 아파트 투자는 미래 가치에 투자하는 것이다. 바로 이 점이 재개발·재건축 아파트 투자의 위험 요소이다. 미래 가치에 투자하는 것이기에 구입 판단이 까다로울 수밖에 없다. 그러나 재개발·재건축 아파트의 구입시 원칙을 지키면서 물건을 구한다면 성공 투자와 내 집 마련의 지름길을 열 수도 있다.

🏠 재건축아파트

재건축아파트는 투자를 목적으로 하는 수요자들에게 인기가 높다. 기존 아파트를 새 아파트로 건립하는 과정에서 시세차익을 노릴 수 있기 때문이다. 그러나 재건축아파트는 사업 추진 과정이 복잡하고 사업장마다 추진에서 분양까지의 기간이 제각기 달라 세심한 분석과 판단이 필요하다.

재건축아파트에 투자할 때는 다음과 같은 점을 체크하고 분석해야 한다.

1. 자금 부담이 적은 아파트를 선택한다. 특히 당장 살 집을 구하는 것이 아니라 전세를 끼고 사는 경우라면 가능하면 전세 보증금이 높은 아파트를 선택한다. 이럴 경우 구입 초기에 들어가는 현금 부담을 대폭 줄일 수 있다.

2. 전세 등을 끼고 사는 경우에는 반드시 재개발 사업을 추진할 때 건설업체에서 지원하는 이주 비용과 그에 따른 금리를 비교 · 검토해 보아야 한다.

3. 구입 당시의 가격 및 앞으로 예상되는 가격을 비교해 소유하고 있는 기간 동안의 금융이자보다 재개발 완료 시점에서의 가격이 높아야 한다. 이것은 물론 재개발 완료 뒤 물건의 가치를 판단하는 것이기에 치밀한 분석이 필요하다. 보통 재건축아파트의 예상되는 투자 가치는 인근에서 가장 인기있는 새 아파트 중 동일 평형의 로열층과 비교하면 쉽게 알 수 있다. 조합원에게는 로열층을 배정 받을 수 있는 우선권이 주어지기 때문이다.

4. 재건축아파트의 사업 추진 단계를 파악해야 한다. 재건축 사업은 순수 민간사업이기 때문에 시행주체인 조합에 의해 이뤄진다.

따라서 조합과 시공 회사간의 협의가 원만하지 않을 경우 사업 지연이 예상되므로 사업 추진 단계를 조합과 시공 회사 측에 확인해야 한다. 종종 조합과 시행 회사 간의 불협화음으로 공사가 지연되는 경우가 있는데, 이럴 경우 추가 금융비용을 떠 안는 문제가 생긴다.

5. 평형별 무상지원 비율 및 추가비용을 확인해야 한다. 재건축아파트를 구입하는 것은 조합원에 가입되는 것을 의미한다. 조합원인 경우에는 평형별 대지지분에 따라 무상지원비율 및 추가비용이 다르므로 조합과 시공 회사에 내용을 확인해야 한다.

재개발아파트

재개발아파트는 부동산 중에서 가장 널리 알려진 재산 증식의 수단이다. 재개발아파트는 다른 부동산 상품에 비해 안정적인 수익을 보장해줄 뿐만 아니라 환금성까지 뛰어나기 때문이다.

그러나 재개발아파트라고 해서 무조건 높은 수익을 보장해주는 것이 아니다. 따라서 재개발아파트에 투자할 때에도 세심한 주의가 필요하다.

재개발아파트에 투자할 때, 수익은 보통 투자시기에 따라 결정된다. 언제 투자했느냐에 따라 수익성에 편차가 크다.

이것은 재개발아파트의 경우 사업 진척 상황에 따라 가격 상승폭이 결정되기 때문이다.
재개발 사업 진척 상황에 따른 투자방법 및 수익성은 다음과 같다.

1. 재개발아파트는 사업 시행인가를 받는 시점을 전후로 지분 가격이 가장 큰 폭으로 상승하는 것이 일반적이다. 다만 재개발 사업은 사업 추진 여부가 명확하지 않다는 약점이 있다.
그러나 사업 시행인가를 받은 뒤부터는 일반 아파트 공사와 같은 공정으로 진행된다.
따라서 이 시기에 지분 가격이 가장 높게 상승하므로 재개발 지분에 투자하려면 이 시기를 놓치지 말아야 한다.

2. 소유하고 있던 재개발아파트를 처분할 때에는 관리처분계획인가 시점을 놓치지 말아야 한다. 이 시기에는 재개발지분의 청산작업이 이뤄지면서 가격상승이 이루어진다.
따라서 투자를 목적으로 재개발아파트 지분을 구입하는 경우에는 이 시점을 놓치지 말아야 한다.

3. 재개발아파트는 사업 초기의 재개발지분과 사업 후기의 재개발지분의 차이가 크다. 재개발아파트 지분을 사업 초기에 구입하면 투자 수익이 높은 편이다.
하지만 투자 수익이 높아지는 대신 금융비용이 늘어나는 약점이 있다. 사업 후기에 재개발아파트를 매입하면 큰 투자 수익은 기대하기 힘들지만 그 대신 안정성과 환금성은 높아지는 장점이 있다.

4. 재개발 사업은 사업추진 상황에 따라 지분 가격이 상승한다. 재개발 사업은 재개발 조합원과 시공 회사 간의 합의에 의해 사업이 추진된다. 보통 재개발구역지정 결정, 조합설립인가, 사업시행인가, 관리처분계획인가 등의 사업추진 과정에 따라 재개발아파트 지분 가격이 상승한다.

그렇기에 과정을 확인하는 것이 매우 중요하며 지분을 구입하기 전에 해당 재개발 조합을 방문하여 구체적인 사업 추진 일정과 조합운영 등에 대해 파악한다.

5. 매도시점이다. 매도시점은 금융비용과 밀접한 관련이 있다. 재개발아파트 지분은 사업 진행 단계에 따라 지분 가격이 상승하기에 투자를 목적으로 재개발아파트 지분을 구입했을 경우에는 가장 높은 가격 시점에서 매도해야 한다.

매도시점의 결정은 일반 분양의 분양가와 로열층 프리미엄, 인근 아파트 시세 및 금융비용을 감안해 한다.

9 원점으로 돌아오기

 어느덧 한움큼과의 결혼생
활도 2년째에 접어들고 있었다. 한움큼과 함께 한 지난 2년은 끝
이 보이지 않는 내핍과 끊임없이 '하루라도 빨리 내 집을 갖기
위한 입질'의 시기였다고 정의해도 무리가 없을 것이다. 불행하
게도 이것이 사실이었다. 남들 같은 달콤한 신혼생활은 기억 속
어디에도 존재하지 않았다.

그렇다고 한움큼을 사랑하지 않는 것도 아니었다. 아직 아이가
없는 나와 한움큼은 감히 한눈을 팔거나 딴전을 피울 수 없을 정
도였다. 하지만 언제부터인가 내 가슴에는 빈 자리가 생겼다.

한움큼과의 금슬, 사랑만으로는 채워지지 않는 빈 자리였다.

마치 잃어버린 것만 같은 나의 지난 2년, 아니 정확하게 말하자면 예전의 그녀와 헤어진 뒤로부터 2년 6개월에 이르는 시간 동안 내 생활에 대한 회의였다. 정말이지 나는 1년을 하루같이 살았던 것이었다.

그 무렵 내게는 또 한 가지 증상이 생겼다. 그것을 단 한마디로 요약하면, 도시탈출! 그것이었다. 나는 도시 탈출이라는 단어를 떠올리면서 늘 한 가지 모습을 떠올렸다.

아직 안개가 가시지 않은 이른 아침이다. 나는 한움큼의 배웅을 받으면서 집을 나선다. 농가를 개조한 집은 아파트에 비교할 수는 없지만 그런 대로 큰 불편 없이 살 만하다. 회사에 있는 동안 나는 틈틈이 어서 빨리 일과를 마치고 집으로 돌아가는 시간을 기다린다.

마침내 퇴근시간, 외곽으로 나가야 하기에 오고가는 교통시간이 부담스럽지만 집에서 기다리고 있는 가족을 생각하면 견딜 만하다. 집에 도착하자 한움큼은 나를 맞는다. 아마 그때쯤이면 나와 한움큼 사이에도 아기가 있을 것이 분명하다.

넓은 마당이 보이는 툇마루에 앉아 나와 한움큼은 도란도란 이야기를 나누면서 저녁을 먹는다. 저녁을 먹고 난 뒤에는 '동네 한 바퀴 코스'의 산책이 기다리고 있다. 아기를 안은 나와 한움큼은 두 손을 꼭 잡고 산책을 하다가 돌아온다. 새소리, 벌레소리와 함께 잠드는 밤은 하루의 피로를 씻어주기에 충분할 것이다. 주말이면 멀리 야외로 나갈 필요도 없다. 살아가는 곳이 바로 자연이니까.

그와 같은 생활에 대한 그리움이 차고 넘칠 때였다. 나는 한움큼에게 넌지시 내 생각을 이야기했다. 그러자 한움큼이 내 손을 잡아주면서 말했다.

"자기 많이 지쳤구나?"

나는 말 잘 듣는 어린아이처럼 두 눈을 크게 뜨고 고개를 끄덕였다. 내 간절한 바람을 담아서.

한움큼은 역시 눈치가 빨랐다.

"자기 전원주택 같은 곳에서 살고 싶어?"

나는 조금 전처럼 고개를 끄덕였다.

하지만 조금 뒤 한움큼의 말을 들으면서 내 두 눈은 점차 생기를 잃어갔다. 꿈은 꿈일 뿐이었다. 거기에 쐐기를 박은 것은 한움큼의 다음 말이었다.

"어때? 전원주택도 생각만큼 쉽지는 않지? 자기같이 직장생활을 해야 먹고 살 수 있는 젊은 사람들에게는 그림의 떡이지? 하지만 실망하지는 마. 나도 전원주택이 꿈이야. 나중에 우리 아이 다 키우고, 직장생활 그만두면 그때 가서 들어가자? 응?"

"그래야지."

그렇게 대답하면서도 나는 잔뜩 풀이 죽을 수밖에 없었다. 한움큼의 말대로라면 전원생활은 앞으로 빨라야 25년 뒤에나 가능할 일이었다.

"자기 그렇게 힘들면 우리 분양권을 살까?"

"분양권을?"

> 수도권을 중심으로 불기 시작한 전원주택은 이제 전국적인 하나의 흐름이 되었다. 특히 도로망 등 교통시설과 초고속통신망이 발달함에 따라 온라인에서 불가능한 것이 없을 정도로 우리 생활과 관련된 여건들이 정비됨에 따라 전원주택에 더욱 활력을 불어 넣을 것으로 예상된다.
> 현재 전원주택의 가장 큰 문제점은, 직장인이라면 출퇴근길의 소요 시간과 함께 자녀 교육 문제가 걸림돌로 제기되고 있다. 만약 이와 같은 문제에서 자유롭게 과감하게 전원주택에 도전하는 것도 '영구적으로 살아갈 내 집' 마련의 한 가지 방법이 될 것이다. 전원주택은 주거환경도 우수하지만 투자가치도 높은 편이다. 하지만 모든 부동산 상품이 그렇듯이 전원주택에 투자할 때도 반드시 따져보고 검토해야 할 몇 가지 사항이 있다.

전원주택 투자시 검토할 사항

1. 반드시 현장 실사를 한 뒤에 구입을 결정한다. 비디오나 사진, 팸플릿 등 홍보자료나 중개업소의 설명만 믿고 덜컥 계약을 하면 홍보 내용과 실제 상황이 달라 낭패보기 쉽다. 따라서 반드시 현장을 방문하여 주변환경을 살펴봐야 한다. 도로의 개통 및 예정 여부를 알아보고 용지 형태가 정방향인지 장방향인지, 학교나 시장, 편익·문화시설과의 거리 등도 살펴봐야 한다.

2. 서류검토와 분석을 치밀하게 해야 한다. 전원주택을 구입하거나 대지를 구입해 집을 직접 지을 때는 토지등기부등본, 지적도, 허가

증 등 관련서류를 원본상태에서 살펴보아야 한다. 사업허가증에도 물건 소재지, 대표자 성명, 전용 및 형질변경면적, 가구 수, 사업기간 등이 명시되어 있다. 이 밖에 농지전용·산림형질변경 등도 꼼꼼히 살펴야 한다. 토지매매 계약을 맺기 전 등기부등본을 발급 받아 허가증과 일치하는 지와 근저당·가압류·가처분설정 여부 등을 확인해두어야 안전하다.

3. 투자자라면 전원주택을 신축할 수 있는 준농림지를, 실수요자라면 기존 전원주택을 매입하는 것이 좋다. 직접 거주하지 않을 투자자라면 전원주택을 살 경우 관리문제가 오히려 부담이 될 수 있기 때문이며 실수요자라면 신축하는 것보다 기존 매물을 사는 것이 비용을 절감할 수 있기 때문이다. 기존의 농가를 구입하여 리모델링 하는 것도 적은 비용으로 전원주택을 마련할 수 있는 방법이다.

4. 경매나 공매를 이용하면 저렴한 가격에 전원주택을 마련할 수 있다. 성공적인 경매나 공매를 위해서는 역시 정보의 중요성이 강조된다.
또 경매나 공매에 참가할 때는 금융기관에서 대출을 받기보다는 여유자금을 확보한 상태에서 경매에 참가하는 것이 유리하다.

5. 단지형 전원주택 부지를 매입할 때는 필지 분할이 완료되어 개별등기가 가능한 지를 확인해야 하며 건축이 가능한 지역인지 해당 지방자치단체에 문의한 뒤 계약하는 것이 좋다.

6. 이 밖에도 중요사항은 계약서에 반드시 명시해 문서화해두는 것이 좋다. 하자보수나 보증기간, 주택품질 보증기간 등을 분명히 계약서에 표시하고 그 밖의 필요사항을 기재한다. 소유권 이전이 늦

어지는 등 책임질 일이 생길 것에 대비해 손해배상책임 문제도 기재하는 것이 바람직하다.

분양권은 내 집(아파트)을 마련하는 가장 빠른 지름길이다. 현재 아파트를 장만하는 데 분양권만한 방법은 없다. 분양권은 내 집 마련의 지름길일 뿐만 아니라 부동산재테크의 지름길이기도 하다.

부동산을 통한 재산 증식의 대표적인 방법은 개발하여 이익을 남기거나 거래를 통해 시세차익을 남기는 방법이다. 하지만 개발 이익을 기대하는 것은 자금과 정보, 시공 능력이 취약한 일반 개인에게는 버거운 일이라고 할 수 있다. 따라서 일반적인 부동산을 통한 재산 증식은 거래를 통해 시세차익을 올리는 방법이 보편적으로 활용되고 있다. 그 중 대표적인 것이 바로 분양권이다.

분양권은 거래가 합법화되면서 거래 후 시세차익을 노리는 가장 보편화된 상품으로 각광받고 있다. 그러나 모든 분양권 거래가 시세차익을 안겨주는 것은 아니다. 분양권 거래에서도 지식과 정보가 절실하게 필요한 것은 이런 까닭이다.

아파트 분양시 주의할 점

1. 아파트 분양권은 아파트를 분양 받은 사람이 입주하기 전에 매매하는 것이다. 다시 말해서 아파트 분양권은 분양 받은 아파트에 대한 권리를 매매하는 것이다.

2. 분양권은 청약통장에 가입한 사람에게 우선하여 권리를 준다. 따라서 분양권이 필요한 사람은 아파트를 분양 받기를 원하지만 청약통장이 없거나 또한 아파트 당첨을 원했는데 당첨되지 않은 사람들이 수요를 발생시킨다.

3. 분양권을 매입하는 곳으로는 청약경쟁이 치열할 것으로 예상되는 지역의 아파트를 선택해야 한다. 주거환경과 교통여건이 뛰어난 지역은 아파트를 분양 받을 때 청약통장이 필수이며 또한 경쟁이 치열할 경우에는 당첨되어야 한다. 따라서 인기지역의 경우에는 아파트 분양을 받고 난 직후 프리미엄이 형성되기 마련으로 거래도 활발한 편이다. 따라서 아파트 분양권을 통해 시세차익을 남기기 위해서는 주거환경과 생활환경이 우수하여 청약경쟁이 치열할 것으로 예상되는 지역을 선택해야 하며, 로열층의 아파트에 당첨되어야 한다.

4. 분양권을 구입할 때에는 보통 분양가보다 높은 프리미엄을 지불해야 하므로 구입하는 아파트의 분양가와 인근 지역 아파트의 시세를 확실하게 비교해본 후 실익이 있을 경우에만 분양권을 구입한다.

5. 분양권 구입시에는 분양권을 소유하고 있는 사람의 중도금 납입 횟수를 확인한다. 아파트 분양권은 중도금 납입횟수에 프리미엄을 합한 금액이 실제 거래가격이다. 따라서 분양권을 구입하는 경우에는 분양권 매도자의 중도금 납입횟수 및 프리미엄이 적정가격인 지를 확인해야 한다.

6. 분양권은 몇 층인가, 어느 방향인가에 따라 프리미엄이 결정된다. 따라서 분양권을 구입하려는 아파트의 층과 방향 그리고 위치 및 교통여건을 확인한 후 구입해야 한다.

7. 만약 분양권 매매를 하지 않고 살 집이라면 본인의 자금사정과 출퇴근 조건 등을 고려한다.

분양권 매매에 대하여 긴 설명을 들은 뒤에 나는 또 한 번 실망하지 않을 수 없었다. 나는 볼멘 표정으로 한움큼에게 말했다.

"그러면 굳이 살 필요가 어디 있어? 우리도 몇 개월 지나면 청약 자격이 생기는데."

"그래. 맞아, 바로 그거야, 자기야. 지금까지 잘 참고 견뎠으니 우리 몇 개월만 더 참고 견디자."

"그렇지만 우리가 꼭 당첨된다는 보장이 어디 있어?"

"왜 없어? 대학입시에서 눈치작전 할 때를 생각해봐. 무작정 백지원서를 가지고 와서 그 자리에서 써넣는 학생들은 대부분 실패하지? 하지만 같은 눈치작전이라도 그 동안의 커트라인, 경쟁률 등을 놓고 꼼꼼하게 분석해서 지원하는 학생들은 성공할 확률이 높지? 내 생각에는 그렇게 하면 당첨 확률도 높아질 거야."

나는 한움큼의 말을 들으면서 고개를 끄덕였다.

어쨌든 지난 2년 동안 나는 '내 집 마련' 을 위해 끊임없이 새로운 시도를 했고 번번이 실패했다. 그리고 내 앞에는 분양권과 당첨이라는 과제가 기다리고 있었다. 생각해보면, 지난 2년은 '분양'이라는 원점으로 돌아오기 위한 과정이었던 것이다.

· 다시 마음을 가다듬으며 - 내 집 마련을 위한 12가지 지침
· 잠 못 이루는 밤 - 내 집 마련의 로드맵
· 내게 주어진 과제 - 정보수집은 기본이다
· 한움큼이 사귄 새로운 친구 - 은행을 친구로 만들어라
· 드디어 때가 왔다 - 신규 분양 아파트 청약을 하기 전 마지막 체크사항
· 내가 가진 무기 - 청약통장에 관한 모든 것
· 드디어 청약을 하다 - 신규 분양 아파트 청약 우선 순위와 계약
· 좌절 속에서 찾은 한줄기 빛 - 미분양 아파트, 잘만 고르면 보배
· 백천만, 드디어 내 집을 갖다 - 세금을 알아야 내 집이 보인다

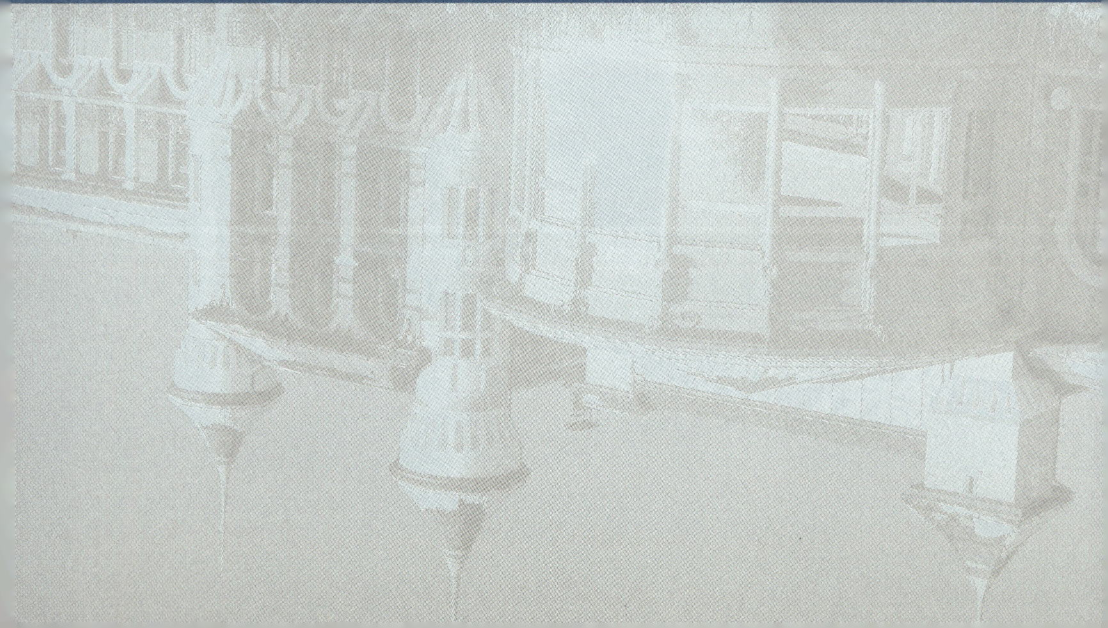

3

드디어 꿈을 이루다

1 다시 마음을 가다듬으며

 거듭되는 헛발질과 실패를
통해 나는 인생을 살아가는데 있어서 중요한 교훈을 얻었다.

세상에 '노력 없는 성취란 있을 수 없다' 는 교훈, 바로 그것이
었다.

사실 내가 이 교훈이 진리임을 알게 된 것은 아주 오래 전의 일
이었다. 학창시절, 성적은 공부한 것만큼 나오게 마련이었다. 성
적이 떨어지면 시험을 칠 때 운이 없어서, 아니면 컨디션이 나빠
서, 조금 더 솔직할 경우에는 공부는 열심히 했지만 공부하는 방
법이 잘못되어서 등등 이유를 댔다.

내 집 마련을 위한 12 가지 지침

하지만 그 누구도 아닌 자신만은 진실을 알고 있었다. 성적의 등락은 자신이 얼마만큼 노력하였느냐에 달려 있다는 것을.

인생이란 부조리의 연속이라고 했던가. 참담한 결과를 접할 때마다 매번 성실과 노력의 중요성을 절감하면서, 다음에는 꼭 열심히 노력하여 좋은 결과를 얻겠다고 다짐한다.

하지만 그것은 어디까지나 다짐일 뿐이었다. 불과 얼마 지나지 않아서 투철한 다짐이 차지하고 있던 마음속에 행운을 기대하는 마음이 채워진다. 지금까지 단 한번도 찾아온 적이 없음에도 불구하고.

그 행운은 물론 다른 사람에게 찾아가서는 절대 안 되는 것이기도 하다. 노력하지 않았는데 행운이 따라서 좋은 결과를 얻다니! 그런 일이 일어나는 세상은 그야말로 얼마나 부조리한 세상이란 말인가?

적어도 세상이 공정하다면 내가 10시간을 노력하여 90이라는 성취를 얻었다면 내가 아닌 다른 사람은 15시간을 노력하여 90이라는 성취를 얻어야 부조리한 세상이 아닌 것이다. 행운이란 열심히 노력한 내게 다가왔을 때만 비로소 공정하고 정의로운 것이다. 이것은 세상을 살아가는 모든 사람들이 생각하는 공정이요 정의이기도 하다.

어쨌든, 나는 한움큼과 결혼한 뒤에 내 집을 갖기 위해 노력하는 과정에서 세상에 요행과 행운은 없다는 것을 알게 되었다.

요행과 행운이 없으니 어떻게 하겠는가? 죽어라 하고 옆도 뒤도 돌아보지 않고 묵묵히 걸음을 내디디는 수밖에. 그렇게 걷다 보면 언젠가는 목적지에 도착할 것이라는 믿음 하나 갖고 살아갈 수밖에.

내가 특별한 능력을 가지고 있지 못한 평범한 사람이라는 것을 깨달은 뒤부터였다. 나는 내 집을 지니고 있는 사람들을 진심으로 존경하게 되었다.

여기서 말하는 존경하는 사람들의 범주에는 부모의 도움을 받아서 내 집을 지니게 된 사람들이 제외되는 것은 물론이다. 오로

지 '맨땅에 헤딩하기'와 같은 헝그리 정신으로 내 집을 가진 사람들이 내 존경과 부러움의 대상이었다.

우리 사회에서 자신의 힘만으로 내 집을 갖는다는 것이 어디 보통 일인가. 따라서 그와 같은 뛰어난 업적을 거둔 사람은 '타의 모범이 되므로 이에 상장을 주고 표창함'이라는 문구가 적힌 표창장을 주고 부상으로 자동차를 얹어주거나 그것이 아니라면 유명 관광지 3박 4일 여행권이라도 주어야 마땅하다.

맨땅에 헤딩하기로 내 집을 갖기 위해서는 운전면허증이 가끔 주민등록증을 대신하는 신분증으로밖에 사용되지 못했을 것이기에 마이카는 어림도 없는 소리였다.

요즘 누구나 주말마다 가는 그 흔한 여행? 회사에서 경비를 대주는 수련회가 아니면 야외 구경은 꿈도 못 꿀 것이고 서울 시내에 있는 고궁에 갈 때도 끼니는 가까운 패스트푸드점에서 햄버거를 씹어먹는 것으로 대신하였을 테니까.

존경과 부러움을 담은 시선으로 그런 사람들을 바라보기를 몇 주일. 나는 잠자리에서 한움큼에게 솔직한 마음을 털어놓았다.

"생각해보면 자기 힘으로 내 집 마련한 사람들, 참 독한 사람들이야."

"자기 이제 알았어? 그렇지 않고서 어떻게 내 집 마련해?"

"그러게. 그런 것 생각하면 내가 너무 쉽게 생각했어."

"이제라도 깨우쳤으면 됐어. 자기가 생각한 것처럼 쉬운 방법이 있으면 사람들이 이제까지 그걸 몰랐겠어?"

"그나저나 우리는 언제나 이 궁상떨지 않고 사냐? 이럴 때 아버지가 한 밑천 쥐어주면 얼마나 좋아?"

"자기 그런 생각하지 마. 물론 도움을 주는 부모도 많지만 자식들에게 손벌리는 부모들도 많아. 만약에 우리가 부모님들 생활비를 대줘야 하는 입장이거나 편찮으셔서 병원비라도 내야 한다고 생각해 봐. 우리가 이 정도로 돈을 모을 수나 있었겠어?"

"그렇기는 하지만…."

새삼 한움큼을 만나기 전의 그녀에 대한 원망이 새록새록 피워올랐다. 그때 철없이 나대지만 않았어도 이럴 때 부친에게 전부는 아니더라도 얼마 정도는 도움을 받을 수 있었을 것이다.

"자기야!"

갑자기 한움큼이 벌떡 일어나 앉으면서 나를 불렀다. 나는 화들짝 놀라면서 얼떨결에 일어나 앉았다.

한움큼은 역시 예리했다.

한움큼은 내 눈치를 살피면서 말했다.

"왜 이렇게 놀라? 딴 여자 생각이라도 했어?"

"아니, 딴 생각은 무슨. 그런데 왜 갑자기 일어나 앉고 그래? 잠들려다가 깜짝 놀랬잖아?"

"혹시나 해서 하는 말인데, 딴 생각하면 죽어!"

"말이 되는 소리를 해. 나 같은 거지 중의 상거지를 어느 누가 쳐다보기나 하겠어? 그리고 작업을 하려고 해도 주머니에 찻값이라도 있어야 작업에 들어갈 것 아냐. 작업은 고사하고 남들 다 맡는 분 냄새 한번 맡아본 적 없다."

사실이었다. 1차 회식이 끝난 뒤에 몰려가게 마련인 이른바 유흥업소에 언제 가보았는지 기억조차 가물가물했다. 처음 몇 번은 눈치 없이 따라간 적이 있었지만 매번 '분위기 맨'으로 술값을 대신할 수는 없었다. 몇 번 그런 일이 반복되면서 나는 회사 동료나 친구들의 분위기를 느낄 수 있었다.

'오늘 기분 한번 내버려?' 그런 생각이 든 적도 있었다. 하지만 그것은 정말 위험한 발상이었다.

삼겹살 집에서 예기치 않았던 지출을 한 뒤에 한움큼에게 당한 것을 생각하면, 그 정도의 대형사고는 가정법원으로 직행에 해당하는 원인을 제공할 수 있었다.

"그렇기는 하지만. 마음속으로라도 엉뚱한 생각하지 말란 말이야."

"알았어. 그런데 왜 일어났어?"

"아참, 내 정신 좀 봐. 우리, 자기가 정신을 차린 것을 기념해서 지침을 만들자."

"지금까지는 지침이 없었기에?"

"아니, 그런 것 말고 흔들릴 때마다 한잔하는 식으로, 포기하고 싶을 때나 딴 생각이 날 때마다 바라보면서 마음을 다스릴 지침을 만들자는 말이야."

"마음대로 하셔."

자칫 한움큼에게 맞장구를 쳤다가는 이 밤을 꼴딱 새울 수도 있었다.

이미 신혼여행지에서 맞이한 첫날밤에 경험하지 않았던가! 그러나 내가 도로 자리에 눕도록 내버려둘 한움큼이 아니었다.

"빨리 일어나. 하나, 둘."

한움큼이 셋을 세기 전에 나는 일어나 앉았다. 한움큼의 벌칙, 몸에 손가락 하나 대지 못하게 만들고 옆에 오는 것조차 허락하지 않는 한움큼의 보복이 두려웠기에.

"그럼 이제부터 하나하나, 우리에게 필요한 것들이 무엇인지 만들어보자. 참 적어야지."

한움큼은 머리맡에 놓아둔 노트를 펼쳤다. 나는 이 밤도 편히 자기는 틀렸다는 것을 깨달았다.

어쩔 수 없이 해야 한다면 즐기라고 했던가. 나는 한움큼이 빠뜨리는 것을 지적하고, 문장을 수정하면서 '내 집 마련을 달성하기 위한 12가지 지침'을 만들었다.

아파트를 구입하는 데는 아파트 공급계획이나 청약정보뿐만 아니라 지역별 특성 및 아파트 규모, 자신의 취향, 원하는 규모, 인테리어 및 마감재 시공 상태 등 자세한 부분에 대한 정보도 중요한 요소가 된다.

내 집 마련을 달성하기 위한 12가지 지침

1. 자신에게 맞는 전략을 세운다. 내 집 마련에 정답은 없다. 분양, 재개발, 경매, 미분양 구입, 조합가입 등 내 집 마련에는 여러 가지 방법이 있다. 그 중에서 자신의 여건에 맞는 방법을 선택한다(백천만과 한움큼은 많은 시행착오 끝에 분양을 받는 것이 가장 효율적이라는 결론을 내렸다).

2. 청약통장은 가능하면 빨리 사용한다. 분양가가 자율화되면서 분양가 인상이 이뤄지고 있는 요즘, 시간이 지날수록 분양가와 시세 차이가 줄어든다. 따라서 자격 요건을 갖추었다면 통장을 묵히지 말고 빨리 분양을 받아야 시세차익을 얻을 수 있다.

3. 하지만 시기 선택은 중요하다. 집값 상승과 분양가 인상도 중요하지만 자신의 능력을 신중하게 파악해야 한다. 특히 금융 비용 부담과 예상되는 시세차익과의 치밀한 계산이 필요하다.

4. 따라서 내 집 마련 시기는 집값 안정기로 결정한다.

5. 내 집 마련도 정보화시대이다. 신속하고 정확한 정보 수집이 내 집 마련의 성패를 가름한다.

6. 디지털 시대에도 아날로그 방식은 여전히 유효하다. 열심히 발품을 팔아 집을 선택하는 안목과 생생한 현장 정보를 획득한다.

7. 지금보다는 발전가능성을 보고 투자하라. 내 집은 재산목록 1호이다. 따라서 투자라는 개념을 가져야 한다. 향후 몇 년 뒤에 개발이 예정된 곳이어서 집값이 올라갈 집을 사면 나중에 보다 넓은 평수로 늘려가기가 쉬워진다.

8. 내 집은 산 정상에 서서 아래를 내려다보는 것처럼 넓게, 멀리 보고 결정해야 한다. 직장이나 연고지에 얽매이면 실패한다.

9. 남들이 주목하지 않는, 숨겨진 보물을 찾아야 한다. 25평 이하 미분양 아파트의 경우 건설업체들이 미분양 해소를 위해 좋은 조건의 금융지원을 하고 있다.

10. 충분한 정보와 발품을 팔았다면 결정은 과감하게 한다. 망설이다가 기회를 놓치는 경우가 많다.

11. 자금조달은 치밀하고 빈틈없이 마련한다. 금융비용 부담과 상환능력 등을 따져 치밀한 계획을 세워야 금융비용을 줄이고 혹시 발생할 수 있는 위험을 방지할 수 있다.

12. 정가가 없는 부동산 매매에서는 계약이 중요하다. 급하게 계약을 하지 말고 모든 조건을 조목조목 따져 계약한다.

2 잠 못 이루는 밤

'내 집 마련을 위한 12가지
지침'을 작성한 뒤였다.

시간은 어느덧 자정을 향해 흘러갔고 나는 마치 하마처럼 연신
입을 쩍쩍 벌리면서 하품을 해대고 있었다.

"다 됐지? 이제 그만 자자."

나는 속히 마지막으로 남은 하루 일과를 끝내고 잠들고 싶었
다. 사실 나는 한움큼과 결혼하기 전까지만 해도 '올빼미'였다.
회사에 출근하기 위해 아침에 눈을 뜨는 순간이 하루 중 가장 불
행한 시간이었고 눈앞에 안개가 낀 것처럼 뿌옇게 보이고 정신이

흐리멍덩한 상태는 점심시간까지 계속되었다. 그러나 퇴근시간
이 가까워지면서부터 내 정신은 각성제라도 복용한 것처럼 명료
해지고 눈알이 반짝반짝 빛나기 시작하다
가 퇴근 뒤에는 정신, 신체, 감
성지수가 최고조에 이르러
새벽 잠들기 전까지 계
속되었다.

그랬던 버릇은 한움
큼과 함께 살기 시작하면
서부터 씻은 듯이 사라졌다.

이렇게 된 것은 순전히 나의 눈물나는 노력 덕분이었다. 지갑에 돈이 없으면 덩달아 할 일도 없어진다는 것은 이미 예전에 깨우친 진리였다. 결혼과 함께 지갑에 돈이 없어진 나는 긴 밤을 오직 잠으로 보내야만 했다. 그래서 우격다짐으로 바꾼 버릇이 일찍 자고 일찍 일어나기였다.

이처럼 돈의 위력은 대단했다. 20년 가까이 누구도 고치지 못했던 버릇을 스스로, 단기간에 고칠 수 있었으니. 이 점은 굉장히 중요하다. 특히 밤에 잠들지 않는 아이들 때문에 고민하는 학부모들이나 불면증에 시달리는 사람들에게 알려주고 싶은 것, 그것은 '밤에 할 일이 없으면 저절로 잠을 자게 되어 있다' 그것이다.

"그만 자자니까?"

어울리지 않게 코맹맹이 소리까지 냈지만 한움큼은 요지부동. 한움큼은 도리어 내게 이렇게 말하는 것이 아닌가.

"생각해보니까 한 가지 빠진 것이 있어. 자기가 그 동안 했던 헛발질도 그렇지만 나도 늘 내가 하는 것이 과연 옳은가, 그런 생각을 하면서 조마조마했거든. 생각해보니까 그랬던 이유가 있어."

"그게 뭔데?"

코맹맹이 소리까지 냈던 나는 상한 자존심을 어루만지면서 물었다. 엉뚱한 얘기라면 소리라도 지를 참이었다.

"요즘 흔히 하는 말로 단계별 로드맵이 없었던 거야. 그게 없어서 자기는 헛발질하고 나는 불안했던 거야."

"이제는 한마음 한뜻으로, 흔들리지 않고 한 길로 나아가기로 했잖아. 그런데 뭐가 문제야?"

"잘못된 것은 정리를 해놔야지. 자기는 그 말 몰라. 사람은 성공한 경험보다 실패한 경험에서 더 큰 것을 얻는다는 말?"

"나는 그런 말 몰라. 지금 내게 중요한 것은 자기 품하고 그리고 자는 거야."

나는 은근슬쩍 한움큼에게 손을 내밀었다. 하지만 한움큼은 내 손을 뿌리치면서 말했다.

"가만히 있어봐. 혹시 알아? 우리가 우리 경험을 책으로 내게 될지 말이야? 그럴 경우를 생각해서라도 정리를 해놔야지."

"책을?"

"그래. 책 말이야. 그러니까 빨리 일어나서 같이 해."

결국 나는 한움큼의 손에 이끌려 다시 일어나 앉았다. 불길한 예감은 언제나 적중하여 나는 그 날 밤, 한움큼 곁에는 가보지도 못하고 창문 밖에 새벽 먼동이 트는 것을 본 뒤에서야 잠들 수 있었다.

🏠 아파트

이 시대를 살아가는 평범한, 많은 사람들의 꿈이다. 그러나 온통 아파트 천지인 것만 같은 이 세상에서 자신의 아파트를 갖기란 쉬운 일이 아니다.

그래서 아파트를 갖기 위해서는 치밀한 전략과 전술이 필요하다. 아파트를 사는 것은 보통 세 가지 방법 중의 하나를 통해 이뤄진다.

돈을 마련하여 아파트를 구입하거나 아니면 신규 분양 아파트를 청약하거나, 분양권을 구입하는 방법이다. 겉으로 보기에는 아주 간단하지만 부동산 시장 상황, 시기 등에 따라 방법은 달라진다. 그만큼 선택할 수 있는 경우의 수가 많다는 뜻이다.

왜 그럴까? 아파트는 일반 서민들이 구입할 수 있는 물건 중에서 가장 고가의 물건이며, 단순히 주거의 개념뿐만 아니라 평생 재산 형성의 기초가 되는, 아직까지 가장 중요하고 유력한 재테크 수단이기 때문이다. 아파트를 중심으로 내 집 마련을 위한 단계별 로드맵이 중요한 이유가 여기에 있다.

사실 내 집 마련을 위해 무엇부터 어떻게 해야 할지 몰라 우왕좌왕하기 마련이다. 그렇기에 단계별로 과정을 나누고 각 단계별로 세부 사항을 하나씩 체크하다 보면 순서가 정해지기 마련이다.

■ 각 단계별 로드맵

1. 계획을 세워야 한다. 내 집 마련 시기와 방법 등 계획을 세우기 위해서는 구입을 원하는 지역, 필요한 자금, 구입 시기

등을 먼저 결정하고 거기에 필요한 것들을 준비해야 한다. 내 집 마련의 가장 기초 단계에 속한다고 할 수 있다.

2. 계획을 세운 뒤에는 정보를 획득해야 한다. 이때 정보는 정확하고 신속한 것이어야 한다. 내 집 마련뿐만 아니라 세상 모든 일에서 정보의 중요성이 강조되는 시대이다. 바야흐로 정보가 곧 돈이며, 정보를 획득하지 못하는 사람은 돈과도 멀어진다. 내 집 마련을 위해서는 금융, 청약, 지역, 분양정보 등 내 집 마련에 필요한 모든 정보들을 획득할 수 있는 구체적인 방법을 갖고 있어야만 한다.

또한 정보를 획득하기 위해서 방문해야 하는 곳과 매체 등을 파악하여 항상 가까이 두어야 한다. 그리고 계획단계에서 결정한 조건에 따라 통장가입, 금융기관 방문, 인터넷을 이용한 정보파악, 건설회사 물색, 부동산상식 및 각종 정보를 접해보도록 해야 한다.

중요한 것은 막연하게 축적된 자료가 곧 정보를 뜻하는 것은 아니라는 사실이다. 정보는 분석하고, 거기에 맞춰 실천이 따를 때 비로소 정보의 가치를 지니게 된다. 또한 정보획득은 내 집 마련의 초기단계에만 필요한 것이 아니라 내 집 마련의 목표를 이룰 때까지 계속되어야만 한다.

3. 계획과 정보획득으로 내 집 마련을 위한 기본적인 준비가 끝나면 자금마련 계획을 작성한다. 자금마련 계획은 저축, 재테크, 대출 등으로 내 집 마련을 위해 필요한 자금을 각각의 시기에 맞춰 동원할 수 있는 '자금충당계획' 을 뜻한다.

4. 항상 긴장을 풀지 않고 예의 주시하는 단계이다. 구입을

원하는 주택의 상품별 특성을 숙지하고 구입할 때 주의해야 하는 사항 등을 마음속에 새겨 넣는다. 또한 항상 물건 동향을 파악하고 특히 아파트일 경우에는 매매가 대비 전세가 비중, 아파트 청약 및 분양권 구입 등에 관하여 항상 파악하고 있어야만 한다.

5. 모든 준비가 끝나면(특히 자금 마련이 이뤄지면) 구입하는 단계이다. 이 단계에서는 구입의 세부절차 및 부대비용, 해당 물건의 권리분석 및 입지분석 등이 이루어진다. 특히 계약을 할 때는 구입하려는 주택 상품별 체크사항을 다시 한번 확실하게 점검한다. 구입 후 부대비용 및 등기절차, 물건인도 시기와 방법, 하자보수 문제 등도 결코 빠뜨릴 수 없는 사항들이다.

주택을 구입할 때 필요한 기본적인 세부정보

❀ 지역적인 특성을 체크한다.

❀ 언론 지상에 보도되는 광고도 중요한 정보 제공원이다. 광고를 볼 때는 특히 내용의 진실 여부를 파악해야 한다. 건설업체가 강조하는 내용과 실제 사실은 다를 수 있기 때문이다.

❀ 투자성과 시세 차익을 고려한다면 인근 지역의 부동산 가격동향을 직접 파악해야 한다.

❀ 아파트 내부 인테리어의 경향과 흐름을 파악한다.

❀ 건설업체별 아파트 특징과 경향을 파악한다.

❀ 모델하우스는 자주 방문해야 한다. 모델하우스를 많이 보면 안목도 넓어지고 아파트별 특성을 파악할 수 있다.

3 내게 주어진 과제

 아무 일없이, 고작 2시간을
자고 난 뒤에 맞은 다음날 아침이었다. 나는 굳이 불만을 감출 생
각이 없었다. 나는 한움큼이 차려준 밥상을 받고, 밥 한 술을 국
그릇에 만 뒤에 퍼먹기 시작했다. 국그릇을 다 비우는 동안 나는
한움큼에게 한마디도 하지 않았다. 그런 내 모습을 본 한움큼이
물었다.

"자기, 내게 무슨 불만 있어?"

"…"

나는 한움큼의 말에 대답도 하지 않고 일어섰다. 양치를 하기

정보수집은 기본이다

위해 욕실로 들어가는 내 뒤통수에 대고 한움큼이 말했다.

"밥 남기면 후회할텐데. 배고프다고 중간에 간식 먹을 돈이 있는 것도 아니고."

발걸음을 멈칫한 사이, 오늘 오전의 내 모습이 떠올랐다. 구내식당이 배식을 시작하는 것은 11시 50분. 그 시간까지 허기를 달래기 위해서 줄기차게 생수통을 왔다갔다 하는 내 모습이.

현실은 냉엄했다. 고통보다는 한순간의 굴욕이 낫겠다는 생각을 한 것도 그 순간이었다. 나는 도로 식탁에 앉았다. 그리고 남긴 밥에 젓가락을 가져갔다.

"자기야!"

"뭐?"

"이제는 우리도 메인게임을 준비해야 하지 않겠어?"

이건 또 무슨 뜻에서 하는 말인가? 나는 그 날 아침 식탁에 마주앉은 뒤에 처음으로 한움큼을 바라보았다. 한움큼은 얄미울 정도로 생글생글 웃고 있었다.

"우리도 이제 청약을 준비해야 한다는 뜻이야."

그렇다면 이제 고생 끝이란 말인가? 그 순간 나는 한움큼이 뭘 잘못했는지 깨닫기 전까지는 절대 풀지 않을 것이라고 맹세했던 굳은 표정이 풀어지기 시작했다. 한순간 입가에 짧은 미소가 머물다가 간 뒤에 나는 재빨리 정신을 수습했다. 나는 다시 밥그릇에 코를 박고 물었다.

"그래서 뭐가 어쨌다는 거야?"

"청약 준비를 해야 하는데 가만히 생각해보니까 우리가 가장 부족한 부분이 바로 정보야. 그 동안 우리는 정보에 너무 소홀했던 거야."

"나 나가봐야 돼. 용건만 간단히 말해."

"그러니까 내 말은 정보 수집을 자기가 맡아서 하라는 거야."

"내가?"

그 날 회사에 출근한 뒤에 내가 가장 먼저 한 일은 아파트 분양 정보가 실린 인터넷 사이트를 찾아 들어가는 일이었다.

"자기가 맡은 일을 얼마나 잘해내느냐에 따라서 우리가 내 집을 갖는 것이 빨라질 수도 있고 느려질 수도 있어. 그리고 손해를 볼 수도 있고 이익을 볼 수도 있으니까 열심히 해야 돼?"

한웅큼이 내게 당부한 말이었다. 나는 건성으로, 귀찮다는 듯이 고개를 끄덕였다. 하지만 출근길에서부터 나는 결의를 다지고 있었다. 아내에게 사랑 받는 남편이 되기 위해서 그런 것은 아니었다. 물론 한웅큼에게 내 능력을 보여주기 위해서도 아니었다. 그런 거라면 나는 이미 한웅큼에게 바닥을 드러낸 상태였기에.

내가 정보 수집에 열을 올린 것은 단지 하나, 내 불행한 생활을 빨리 끝내고 싶어서였다. 그 날 이후 입사시험 대비 공부를 할 때보다 더 열심히 자료를 뒤지고 챙겼다. 나는 각 일간지와 부동산 전문 신문과 주간지 그리고 인터넷 사이트를 통해서 주로 정보를 얻었다.

현장 답사? 그렇게 중요한 일을 나 혼자에게 맡길 한웅큼이던가. 그것은 주로 휴일을 이용해서 한웅큼과 함께 했다. 한웅큼은 그것을 '데이트'라고 했지만 안락하고 포근한 잠이 있는 휴일을 기대하는 내게 그것은 고문이나 다를 것이 없었다.

보다 좋은 조건으로, 유리한 조건으로 내 집을 마련하려면 습관이 중요하다. 그것은 일상적으로 금융정보, 분양정보 등 각종 정보를 수집하는 습관이다.

또한 부동산 관련 정보는 그 지역의 실상과 발전 가능성을 담고 있기 때문에 분양정보, 청약정보 등을 수집하여 분석하고 있으면 많은 도움을 얻을 수 있다.

내 집 마련을 위해 기본적으로 획득·분석하고 있어야 할 점

1. 아파트 공급 계획을 꿰뚫고 있어야 한다.
서울과 수도권에서는 아파트를 공급하기 전에 각종 언론을 통해 공급계획을 알리고 있다. 이와 같은 공급계획을 획득·분석하고 있어야 원하는 지역의 아파트를 장만할 수 있다.

2. 서울 지역을 목표로 한다면 서울시의 동시분양을 파악한다. 서울시는 매달 동시분양을 통해 아파트를 공급하고 있다. 따라서 서울시 동시분양 지역을 체크해 두고 청약 경쟁률도 알아두어야 한다.

3. 가능하면 대규모 아파트 단지의 분양 계획을 꼼꼼하게 챙겨야 한다. 대규모 아파트는 편의시설이나 주거환경 등이 소규모 아파트보다 우수하다. 그러므로 생활 조건뿐만 아니라 이후 예상되는 시세차익을 고려하여 대규모 단지 분양의 정보를 파악하고 있어야 한다.

4. 지하철 등 교통망과 개발계획을 파악한다.

특히 부동산은 교통망 확충 여부에 따라 가격이 상승한다. 따라서 각종 도로와 지하철 등 교통시설이 확충되는 주변과 인근 지역의 아파트와 주택에 주목한다.

5. 금융기관 등의 대출지원들을 체크한다. 금융기관은 주택구입을 위한 금융상품 등을 판매하고 있다.
따라서 각 금융기관별 대출금이자 및 조건 등을 체크해 두면 주택을 구입하거나 아파트를 분양 받을 때 도움이 된다.

6. 각 지역별로 아파트 분양가격은 차이가 나기 때문에 지역별 분양가격을 파악해야 한다.
또한 각 업체의 자금지원 조건 등을 파악하여 유리한 업체를 파악해 두는 것이 필요하다.

7. 이미 아파트를 결정한 경우라도 수시로 다른 업체의 아파트 분양가격을 비교 · 검토하고 시공 품질 등도 직접 방문해 체크한다.

이상이 내 집 특히 아파트를 마련하기 위해 기본적으로 획득, 분석, 파악하고 있어야 할 내용이다. 내 집 마련을 위해서는 아파트 공급계획이나 청약정보뿐만 아니라 지역별 특성 및 아파트 규모 등 자세한 부분에 대한 정보도 매우 중요하다.
자신의 취향, 원하는 규모, 인테리어 등 마감재 시공 상태 등 아파트에 대한 자세한 부분들도 구입을 결정하는데 중요한 요소이기 때문이다.

요즘에는 아파트의 개념이 바뀌어 단순한 주거의 개념에서 탈피하여 각 업체마다 소비자의 취향에 따라 선택할 수 있도록 되어 있다.
특히 지역적인 특성 및 인테리어 감각 등 소비자의 개성과 취향이 주택을 구입하는데 중요한 기준이 되고 있다.

주택을 구입할 때 필요한 기본적인 세부정보

1. 지역적인 특성을 체크한다.
아파트도 지역적인 특성과 입지에 따라 가격차이가 크기 때문에 구입을 원하는 지역의 특성을 파악해야 한다. 방법은 희망하는 지역을 몇 곳 선택한 다음 그 지역에 거주하는 사람들의 계층과 아파트 평형 분포 및 평형별 청약, 경쟁률 등을 분석하면 자신에게 맞는 지역인지 아닌지를 알 수 있다.

2. 언론 지상에 보도되는 광고도 중요한 정보 제공원이다.
건설회사들은 아파트를 공급할 때 꼭 광고를 통해 분양을 하고 있는데 이때 가장 강조하는 부분을 유심히 살펴본다.
광고를 볼 때는 특히 내용의 진실 여부를 파악해야 한다. 건설업체가 강조하는 내용과 실제 사실은 다를 수가 있기 때문이다.

3. 투자성과 시세 차익을 고려한다면 인근 지역의 부동산 가격동향을 직접 파악해야 한다.

4. 아파트 내부 인테리어의 경향과 흐름을 파악한다.
일반 공산품과 같이 아파트 내부 인테리어와 마감재 등은 유행에 민감하며 가격에도 많은 영향을 끼친다.
따라서 아파트 인테리어 경향과 마감재 경향을 파악한다.

5. 건설업체별 아파트 특징과 경향을 파악한다.
건설업체들은 아파트 공급 규모와 계층별, 소비성향 등에 따라 소비자전략이 다르다.
따라서 건설업체별로 공급되는 아파트의 특성이 고급형인지 아니면 색다른 특성이 있는지를 파악해야 한다.

6. 마지막으로 모델하우스는 자주 방문해야 한다.
모델하우스는 여러 곳을 방문할수록 좋다. 모델하우스를 많이 보면 안목도 넓어지고 아파트별 특성을 파악할 수 있기 때문이다.

4 한움큼이 사귄
새로운 친구

나는 한움큼이 지시(?)한
아파트 분양 관련 정보수집과 파악에 열과 성을 다하였다. 내가
이렇게 자신 있게 말할 수 있는 것은 회사에서 근무하는 시간, 잠
자는 시간을 제외하면 온종일 정보수집과 분석에 매달렸기 때문
이었다. 내가 확보하여 정리한 파일만 해도 열 권 이상이 넘었다.

그렇게 내가 '내 집 마련'에 최선을 다하고 있을 때였다. 나는
꿈에서도 상상하지 못했던 일을 겪어야만 했다.

그 날따라 퇴근이 빨랐다. 길이 막히지 않았기에 전율을 느낄
정도의 속도로 내달린 버스는 평소보다 30분이나 일찍 나를 집

부근 정류장에 내려놓았다.

　이런 날이면 시원한 맥주 한 잔 생각이 간절했지만 얼마 뒤에 다가올 행복한 날들을 그리면서 참기로 했다.

　정류장 앞 호프집을 바라보며 자꾸만 멈춰서는 발걸음을 재촉하여 집에 들어섰을 때였다. 한움큼은 이미 들어와 있었다. 주방에는 저녁에 먹을 찌개거리가 잘 손질되어 놓여 있었다. 하지만 한움큼은 보이지 않았다.

　화장실에 있나, 그렇게 생각하고 방문을 열었다. 한움큼은 PC 앞에 앉아 있었다. 그런데 방문 열리는 소리가 들리자 한움큼은 뭐에 데인 것처럼 놀라면서 PC의 전원을 꺼버리는 것이 아닌가.

"자기 언제 왔어?"

그렇게 말하면서 황급히 주방으로 나가버리는 한움큼의 얼굴은 붉게 달아올라 있었다.

이상한 일이었다. 침착하고 빈틈없는 한움큼이 왜 저토록 당황해 하는 것인지. 웃옷을 벗던 나는 순간 어떤 생각에 사고와 행동이 빳빳하게 굳어버리는 것만 같았다. 나, 백천만이 누구인가? 한때 서울 장안에서 잘나가던, 대표급 선수를 자임하던 내가 아닌가?

나는 당황하는 한움큼의 행동과 PC를 연관시키는 순간 결론에 도달할 수 있었다. 한움큼이, 다른 누구도 아닌 한움큼이 인터넷 채팅을 하고 있었던 것이다.

나는 한움큼이 켜고 있던 PC를 부팅시켰다. 그리고 인터넷에 접속하여 내가 들어오기 전까지 한움큼이 무엇을 했는지 그 흔적을 찾아내려고 했다. 하지만 허사였다.

"뭐해? 어서 씻고 저녁 먹지 않고?"

방문이 열리면서 한움큼이 얼굴을 내밀었다. 이런 가증스러운…. 이럴수록 침착해야 했다. 진실은 언젠가는 밝혀지기 마련이고 진실을 찾는 사람보다는 숨기는 사람이 더 쫓기기 마련이었다. 이 경우 한움큼은 이미 심리적으로 나와는 이길 수 없는 싸움을 하고 있었다.

나는 식탁에 앉아 있는 한움큼을 못 본 척하고 집을 나왔다. 다시 집에 들어가는 내 손에는 소주 두 병이 들려 있었다. 이럴 때일수록 상대방과 시간을 길게 가지면서 압박해야 승산이 있었다. 저절로 실토를 하게 만드는 것이 가장 현명했다.

내 손에 들린 소주를 본 한움큼이 말했다.

"술 마시게?"

그러면서 한움큼은 내 앞에 소주잔을 내려놓았다.

"안 마실 거야?"

"난 생각 없어."

'어쭈, 이런 식으로 모면을 할 수 있다고 생각하면 큰 오산이지. 내가 누구인데.'

나는 한움큼이 밥을 먹는 동안 천천히, 아주 천천히 술을 따라 마셨다. 문득 생각난 듯 나는 한움큼에게 잔을 내밀었다. 한움큼이 무슨 일이냐는 듯, 입술에 묻은 밥알도 떼지 않고 나를 바라보았다.

"따라."

한움큼이 어이가 없다는 듯 '하' 하면서 고개를 돌렸다. 그러다가 무슨 생각이 들었는지 두 손으로 예의를 갖춰 술잔을 채워주었다.

"됐어?"

이런 식의 방법으로는 한움큼의 고백을 받아내기에는 시간이 걸릴 것 같았다. 나는 조금 더 직접적인 방법을 쓰기로 했다.

"요즘 주부들 사이에서 인터넷 채팅이 문제라면서?"

"그렇다고 하데."

"해본 적 있어?"

한움큼이 고개를 쳐들었다. 그리고 나를 빤히 바라보았다. 그 것은 갑자기 왜 묻느냐는 표정이었다.

"한 적 있어."

"언제?"

"자기하고 결혼하기 전에. 그런데 그것이 문제가 돼?"

"가장 최근에 한 것은 언제인데?"

"자기하고 결혼하기 전에 하고 하지 않았다고 했잖아. 솔로로 있을 때 그 정도도 안 하는 사람 있어?"

"그래? 그럼 결혼 뒤에는 하지 않았단 말이지?"

"그렇다니까."

한움큼은 밥알을 씹으면서 말했다. 내가 보기에 말이나 행동으로 미뤄 한움큼은 이미 평상심을 잃고 있었다.

이제는 'Finish'를 날릴 차례였다.

"아까 내가 방에 들어갈 때 뭐하고 있었어? 혹시 채팅으로 계속 대화하는 사이 아냐?"

"뭐야? 그러니까 지금 내게? 에잇!"

확실히 한움큼은 폭력적이었다. 자칫 하면 나는 한움큼이 먹고 있던 밥그릇으로 얼굴을 강타 당할 뻔했다. 한움큼이 이성을 회복하여 밥그릇을 내 코 앞에서 멈춘 것이 천만다행이었다.

"인간아! 금융상품 정보 살펴보고 있었다. 생각 안 나? 다른 정보는 자기가 챙기고 금융상품 관련정보는 내가 챙기기로 한 거?"

그랬다. 지금 생각해보니 그런 말을 한 적이 있었다.

"그래도 질투심은 살아 있나 보지?"

이런…. 완전히 스타일 구겨지는 날이었다.

"말 나온 김에 금융상품 정보나 들어. 이제는 결정해야 할 것 같아."

한순간의 오해와 말실수로 나는 한움큼에게 또 다시 강의를 들어야만 했다. 다른 날 같았으면 피곤을 핑계로 적당히 끝내라고 말할 수 있었지만 그럴 수도 없었다. 나는 완전히 '꼬리 내린 개'가 되어버리고 말았으니까.

모든 물건 구입은 현금으로 하는 것이 가장 유리하다는 것을 모르는 사람은 없을 것이다. 그래야 할인 폭도 커지고 이자 부담도 없어지기 때문이다.

하지만 부동산같이 큰돈을 주어야 하는 경우, 일시에 현금을 지불하기란 쉬운 일은 아니다. 대부분의 사람들이 부동산을 구입할 때는 금융상품을 이용한다. 목돈 마련의 부담을 덜기 위해서이다.

하지만 주택 구입 금융상품이 모두 같은 것은 아니다. 내 집 마련을 앞두고 혹은 집을 늘려 이사하려는 경우, 대출을 받아 주택을 구입하려 한다면 철저한 상품 분석이 선행되어야 한다. 주택 구입 관련 금융상품 선택 기준은 다음과 같다.

1. 가장 중요한 것은 소득수준에 맞춰 대출한도를 결정하는 것이다. 무리한 대출은 가계생활을 궁핍하게 만들고 자칫하면 원리금 상환에도 애를 먹을 수 있기 때문이다. 먼저 자신의 소득 및 지출을 감안해 대출금 이자와 원금상환액수 등을 면밀하게 계산하여 대출한도를 결정해야 한다.

2. 가장 거래실적이 많은 은행의 대출상품을 이용한다. 거래실적이 많은 경우에는 주택구입자금대출시 우대금리를 적용받을 수 있기 때문이다. 금융기관 중 거래실적이 많고 최대한 우대금리를 적용 받는 은행의 대출상품이 가장 우선하여 고려할 선택 기준이다.

3. 특별상품을 최대한 활용한다. 금융기관별로 내용이나 명칭
은 다르지만 내 집마련 주택부금 등 상품에 따라 지원해주는
대출금리가 다르다.
주택 구입을 하면서 대출을 받으려면 금융기관별 대출금리와
조건이 유리한 특별상품에 주목해야 한다.

4. 장기대출시 가산금리가 없는 은행의 대출상품을 이용한다.
은행에서 장기로 대출 받을 때는 기간에 따른 가산금리를 적
용하고 있지만 금융기관에 따라서는 가산금리를 폐지한 곳도
있다. 이런 금융기관의 대출상품을 이용하면 금융비용 부담
을 대폭 줄일 수 있다.

5. 금융기관 사이의 금리를 비교하고 확정금리 및 변동금리
를 체크한다. 대출을 받을 때 금융기관 사이의 금리 비교는
반드시 해야 한다. 아파트를 분양 받을 때, 건설회사에서 알
선해주는 대출금을 이용하는 경우에는 대출금리가 확정금리
인지 변동금리인지 확인한 뒤에 주택을 구입한다.

5 드디어 때가 왔다

 대출을 받을 금융상품까지
선택을 마쳤다. 나와 한움큼은 길고 길었던 '내 집 갖기' 플랜을
마무리할 시점이 되었다는 것을 알았다. 나와 한움큼은 청약을
앞두고 마지막 점검을 하는 시간을 갖기로 했다.

　장소는 동네 뒤 약수터였다. 준비물은 도시락과 간단한 안주,
돗자리 등이었다. 나와 한움큼은 그 자리에서 여기까지 오기까지
서로의 노고를 치하하면서(?) 청약할 아파트의 기준을 마련했다.

　나와 한움큼은 동네 뒷산 약수터에서 청약 신청을 하기 전에

신규 분양 아파트 청약을 하기 전 마지막 체크사항

마지막으로 핵심 사항들을 체크했다. 이제 남은 일은 미리 작성한 기준에 맞춰 선택을 하고 신청을 하는 일이었다.

나와 한움큼은 우리가 원하는 지역, 원하는 평형 그리고 가장 좋은 조건을 가진 아파트가 당첨되기를 바라면서 건배를 했다. 그것은 오랜 준비기간과 훈련을 마치고 내 집 갖기 전투에 앞서 나와 한움큼의 출정식이었다.

살 집을 선택하는 기준은 수요자들마다 다르다. 선호하는 상품과 규모, 지역 등이 다르기 때문이다. 물론 가장 중요한 선택 기준은 주택을 구입하려는 사람의 조건이다.

대부분 주택을 선택할 때 가장 중요한 판단 기준은 확보한 자금의 액수이다. 그렇지만 자금 규모가 부족하더라도 노력하면 보다 만족할 수 있는 주택을 선택할 수 있다. 그 방법은 다음과 같다.

1. 가장 우선적으로 원하는 지역을 선택한다. 주택은 지역마다 가격차가 큰 편이다. 그렇기에 원하는 지역을 선택한 후, 그 지역에서 주택 구입을 시도하는 것이 순서이다.

이때 주택의 종류와 규모를 결정하는 것은 자금 규모이다. 만약 원하는 지역의 주택 가격이 가진 돈보다 높을 때에는 아파트, 단독주택, 빌라, 연립, 다세대 등 다양한 상품의 가격을 파악하고 거기에 눈높이를 맞추는 것이 좋다.

2. 만약 원하는 지역을 확고하게 정한 상태라면 주택 규모를 줄이는 방법도 있다. 주택은 규모에 따라서 가격차가 큰 편이다. 따라서 지역을 결정하였으면 원하는 평형 및 규모를 고집할 것이 아니라 물건을 꼼꼼하게 살펴 실제 사용공간 및 가족공간 등을 고려하면 의외로 괜찮은 물건을 고를 수도 있다. 여기서 중요한 것은 규모가 다소 작더라도 '원하는 지역' 이 주택 구입의 우선 사항이라는 것이다.

3. 만약 앞에서 말한 사항들을 충족시키지 못하면 대체 지역 및 대체 상품을 찾아야 한다. 주택을 구입하면서 원하는 지역, 원하는 평형 등 이미 세워 놓은 일정 기준에 맞춰 구입을

하려면 물건을 찾기가 쉽지 않다.
이럴 경우, 대체 지역 및 대체 평형을 물색해야 한다.

4. 확보하고 있는 자금 및 가족들의 생활여건을 고려한다.
주택을 선택할 때는 구입자의 조건에 따라 출퇴근 및 자녀들의 진학, 자금여건 등을 고려해 가장 적합한 주택을 골라야 한다.
하지만 미리 정해 놓은 기준을 충족시키지 못할 경우에는 자신의 주택에 맞추는 것도 방법이 될 수 있다.

5. 자금에 여유가 있다면 원하는 지역에서 주택을 구입하여 개조하는 것도 방법이다. 최근 들어 주택 리모델링이 일반화되면서 자금부담이 많이 줄어든 상태이다. 리모델링을 통해 개조, 보수, 인테리어를 하면 자신에게 맞는 주택을 소유할 수 있다.

만약 원하는 주택의 형태가 아파트라면 일반적인 주택 선택 기준에 다음과 사항을 추가로 고려해야 한다. 특히 아파트의 경우에는 재산 증식 가능성이 중요한 선택 기준이 될 수밖에 없다.

아파트는 점차 우리나라의 대표적인 주거 형태로 자리잡아 가고 있다. 또한 부동산을 통한 재산 증식의 기본 수단으로 인식되고 있으며 실제로도 그런 상황이다. 오죽하면 살고 있는 아파트의 평형에 따라 재산의 규모를 가늠할까?

가장 대중화된 부동산인 아파트는 입지조건 및 교통여건 등

따져보아야 할 요소가 많다. 하지만 이렇게 복잡한 과정을 거쳐 선택한 아파트는 이후 그만큼 재산가치 상승이라는 선물을 주기에 우수한 조건의 아파트를 구입하는 것은 재산 증식에서 매우 중요하다.

아파트는 입지조건, 교통여건, 주변환경, 주거환경 등 다양한 요소들에 의해 가격이 결정된다. 이와 같은 요소들을 감안하여 아파트를 장만하면 재산 증식의 효과뿐만 아니라 편리하고 쾌적한 주거생활을 보장받을 수 있다. 아파트를 구입할 때 기본적으로 고려해야 하는 사항들은 다음과 같다.

1. 교통환경이 아파트 가격을 결정한다. 갈수록 교통난이 심각해짐에 따라 아파트 인근의 도로망이나 인접 지하철역 등이 아파트 가격을 결정한다.

그러므로 출퇴근을 감안해 도로 접근성이나 지하철 등 대중교통을 쉽게 이용할 수 있는 지역에 건설되는 아파트를 구입한다.

2. 단지규모와 주거환경을 감안한다. 아파트는 단지규모에 따라 관리비 및 편의시설 수준이 다르다. 또 그 규모에 따라 가치평가가 결정된다.

주거환경도 쾌적해야 하기 때문에 단지 내의 녹지비율과 아파트 인근에 손쉽게 이용할 수 있는 공원 등이 위치해 있는 대규모 아파트를 선택하는 것이 유리하다.

3. 층과 방향 그리고 조망권 등이 보장되는 아파트를 선택한다. 아파트는 층과 방향 그리고 동의 위치 등이 가격에 큰 영향을 끼치고, 산과 강 등의 조망권이 보장되는 친환경적인 아

파트가 가격이 높다. 따라서 아파트를 구입하기 전에 이와 같은 사항을 확실하게 체크하기 위해서는 직접 방문하여 눈으로 확인해야 한다.

4. 교육환경과 주변 편의시설 등을 살펴본다. 교육환경과 편의시설은 가장 중요한 주거환경이다. 특히 아파트 인근에 초등학교 등이 위치해 있어야 하고 대형 할인매장이나 백화점 등의 편의시설이 잘 갖춰진 아파트가 생활하기도 편하고 가격도 높다.

5. 지역여건에 따라 가격 편차가 크다. 각 지역에 주거하는 사람들의 소득수준의 차이와 소비성향 등이 복합적으로 작용해 지역여건을 조성하고 있기 때문이다.
따라서 아파트를 구입하기 전에 지역여건을 감안해 아파트 구입지역을 선택한다.

실제 거주를 하지 않고 청약통장을 이용해 재테크를 할 계획이라면 더욱 세심한 주의가 필요하다. 청약통장을 활용한 재테크는 인기가 높고 실제로 짧은 기간 동안 많은 투자수익을 안겨주기도 하지만 청약통장 사용에는 제약이 따르기 때문에 신중한 판단이 필요하다.
청약통장을 활용한 재테크는 단기 시세차익을 노린 투자가 대부분이다. 그러나 단기투자에도 기본적인 원칙이 있다. 단기 시세차익을 노린 청약통장 활용시 기본적인 고려 사항은 다음과 같다.

1. 인기지역의 대규모 아파트단지에 청약한다. 그만큼 투자가치가 높기 때문이다. 매월, 아파트가 공급되기 전에 주요 일간지에 공급계획이나 분양광고가 나오고 있다.
앞에서 열거한 대로 대규모 단지, 편의시설, 주거환경, 지역여건, 교통환경, 인기지역 등이 부합되는 지역의 아파트를 청약해야 한다.
청약 1순위일 경우 당첨이 유리한 것은 물론이다.

2. 청약통장은 가입 액수에 따라 순위와 청약 가능한 아파트 규모가 결정된다. 그와 같은 사항을 고려하여 가능하면 30평형대 이상 규모에 로열층, 동남향 아파트가 투자가치가 높은 편이다.

3. 인근에 있는 기존 아파트와 분양되는 아파트의 가격 비교를 해야 한다. 인근에 있는 기존 아파트와 철저한 가격 비교를 통해 투자수익의 규모가 결정된다.

4. 대형 평형이 아파트 투자가치가 높기 때문에 가입 때 가급적 중·대형 규모의 통장에 가입하는 것이 유리하다. 아파트가 기본적인 프리미엄이 확보되는 이유는 아파트를 분양 받은 후 곧바로 매매가 가능하며 대형 아파트의 경우 투자 수요가 몰리기 때문이다.

5. 청약통장을 활용해 분양 신청을 하였지만 로열층을 분양 받지 못할 경우에는 분양 받은 아파트에 실제로 거주할 것인가 아니면, 당첨을 포기할 것인가를 일 주일 안에 결정해야 한다.

6. 청약통장을 활용할 때에는 실제로 살 경우를 생각하여 일정금액의 자금 확보는 물론 대출금 등을 미리 확인해두어야 한다.

7. 아파트 분양가 상승과 청약제도 개선으로 청약통장에 대한 가치, 즉 희소성이 떨어지고 있다. 따라서 부동산 소액 투자를 고려하고 있다면 청약통장을 빠른 시일 내에 활용할 수 있는 조건을 갖춰 놓아야 한다.

6 내가 가진 무기
청약통장에 관한 모든 것

 다음은 나, 백천만이 신규
분양 아파트를 통해 내 집 마련을 하려는 사람들을 위해 준비한
서비스이다. 보통 청약통장을 활용하여 분양 신청을 하기까지는
서류도 많이 필요하고 절차도 까다로운 것으로 오해하고 있는 경
우가 많은데, 실상은 그렇지 않다.

　다음은 나, 백천만이 가진 강력한 무기인 청약통장에 관한 모
든 것이다.

1. 주택의 종류와 내용 그리고 관련 예금

 국민주택

국민주택기금을 지원받아 건설되는 주택 또는 국가, 지방자치단체, 대한주택공사 등에서 건설하는 주택 중 85㎡(25.7평) 이하의 주택 : 청약저축

민영주택

국민주택기금의 지원 없이 민간사업자가 건설하는 주택(평형 구분 없음) 또는 국가, 지방자치단체 및 대한주택공사 등이 국민주택기금의 지원 없이 공급하는 전용면적 85㎡(25.7평) 초과 주택 : 청약예금, 청약부금

민간건설 중형 국민주택

민간건설업체가 국민주택기금의 지원을 받아 공급하는 전용면적 60㎡(약 18평) 초과 85㎡(약 25.7평) 이하의 주택 : 청약저축, 청약예금, 청약부금

2. 관련 청약통장 가입

청약예금

국민주택기금의 지원 없이 민간사업자가 건설하는 민영주택이나 국가, 지방자치단체 및 대한주택공사 등 지방공사가 건설하는 전용면적 85㎡(약 25.7평) 초과 주택의 청약자격을 얻을 수 있는 예금상품

■ 가입대상
20세 이상의 개인(재외동포 및 외국인 포함) 또는 20세 미만이라도 세대원이 있는 세대주

■ 제출서류
주민등록증 사본 또는 주민등록등본, 초본 각 1통

■ 계약기간
1년(계약기간 만료시 매1년 단위로 자동 재예치)

■ 지역별 예치금액에 따른 청약가능 면적

면적＼지역	서울·부산	기타 광역시	기타 시·군 지역
85㎡(25.7평) 이하	300만 원	250만 원	200만 원
102㎡(30.9평) 이하	600만 원	400만 원	300만 원
135㎡(40.9평) 이하	1,000만 원	700만 원	400만 원
135㎡ 초과	1,500만 원	1,000만 원	500만 원

■ 이율(국민은행. 과거 주택은행 기준)

(단위 : 연%)

이 율 구 분		이 율
약정이율	기본이율	4.10
	우대이율(만기이자지급식 적용)	0.2
중도해지이율	15일 미만	0.0
	15일 이상 ～ 3개월 미만	1.0
	3개월 이상 ～ 1년 미만	2.0
만기 후 이율	만기 후 3개월 이내	2.5
	만기 후 3개월 초과 1년 이내	2.5
	만기 후 1년 초과	1.0

청약부금

적금형식으로 매월 일정금액 범위 안에서 불입하여 납입인정 금액이 지역별 청약예금 예치금액 이상이고 일정기간 경과되면 전용면적 25.7평 이하의 민영주택 또는 민간건설 중형 국민주택에 청약할 수 있는 예금상품으로 저축실적에 따라 주택자금도 융자해 준다.

■ 가입대상
20세 이상의 개인(재외동포 및 외국인 포함) 또는 20세 미만으로 세대원이 있는 세대주

■ 제출서류
　주민등록증 사본 또는 주민등록등본, 초본 각 1통

■ 월납입금 및 계약기간(은행별로 다소 다름)

가입구분	월납입금	계약기간
정액적립식	매월 거래개시일 해당 일에 신규가입시 정한 금액(10만 원 이상 1만 원 단위)을 저축	2, 3년제 (2종류)
자유적립식	매월 거래개시일 해당 일에 5만 원 이상 50만 원 이내에서 1만 원 단위로 저축	2, 3, 4, 5년제 (4종류)

■ 지역별 청약가능 불입금액
　(85㎡ 이하 청약가능한 청약예금 예치금액)

서울 · 부산	기타 광역시	기타 시 · 군
300만 원	250만 원	200만 원

■ 이율(국민은행 기준)
　정액적립식 : 확정금리(만기 후는 변동금리)
　자유적립식 : 변동금리(이율변경시 변경이율 구분 적용)

[약정이율]　　　　　　　　　　　　　　　　　　　　(단위 : 연%)

기간	정액정립식			자유적립식		
	기본이율	우대이율	계	기본이율	우대이율	계
2년제	4.00	0.4	4.40	4.00	0.2	4.20
3년제		0.6	4.60		0.4	4.40
4년제		-	-		0.4	4.40
5년제		-	-		0.4	4.40

(주) 납입월부금의 2/3 이상 자동이체(CD, ATM이체 포함)시 만기우대이율 0.2% 가산

[중도해지 및 만기 후 이율]　　　　　　　　　　　　　　(단위 : 연%)

중도해지이율		만기 후 이율
1개월 이상	2.0	만기 당시 기본이율에 연동
1년 이상	3.0	

청약저축

국민주택 및 민간건설 중형 국민주택 청약권이 부여되는 예금이다.
매월 일정 금액을 납부하는 적립식으로 청약예금, 부금과는 달리 국민은행에서만 가입이 가능하다.

■ 가입대상
무주택 세대주로서 1세대 1계좌에 한한다. 단, 부양하고 있는 직계존속 중에서 60세 이상 또는 장애인을 부양하는 호주승계자는 세대주가 아니더라도 가입이 가능하다.

■ 제출서류

◆ 본인이 직접 가입 신청시 : 주민등록등본 및 무주택확약각서(은행비치), 실명확인증표(주민등록증, 운전면허증 등)

◆ 주민등록표상 배우자나 직계존·비속인 세대원이 가입 신청시 : 주민등록등본 및 가입자 본인이 자필서명 날인한 신규가입신청서상의 무주택확약각서

◆ 제3자 대리 신청시 : 주민등록등본 및 최종 주소지의 무주택입증서류(주민등록이 분리된 배우자가 있는 경우 배우자의 주민등록등본 및 무주택입증서류 추가)

※ 무주택입증서류 : 건물등기부등본, 건축물관리대장, 무허가건물확인서, 기타 무주택자임을 입증하는 서류중 택일

☞ 추가 제출서류(해당자에 한함)

– 호적등본 : 60세 이상 또는 장애인인 직계존속을 부양하는 호주승계예정자, 주민등록등본상 배우자가 등재되어 있지 않은 자

– 장애인수첩 사본 : 장애인인 직계존속을 부양하는 호주승계예정자

■ 계약기간

국민주택 등의 입주자로 선정된 날까지 저축금액 매월 납입일에 2만 원 이상 10만 원까지 5,000원 단위로 자유납

■ 이율(이자 소득액 10%, 농특세 0.5% 과세)

(단위 : 연%)

저축기간	이 율
1개월 이내	없음
1개월 초과 ~ 1년 미만	2.5%
1년 이상 ~ 2년 미만	5.0%
2년 이상	6.0%

(주) 이자율은 정부의 고시에 의해 변동 가능

3. 청약자격 및 청약순위

민영주택

■ 청약자격

최초 입주자모집공고일 현재 당해 주택건설지역(주택공급지역)에 거주하는 20세 이상인 사람(배우자 또는 직계존·비속인 세대원이 있는 세대주는 20세 미만이라도 청약 가능)

■ 청약순위

순 위	순 위 별 요 건
1순위	- 청약예금에 가입하여 2년이 경과한 사람 - 청약부금에 가입하여 2년이 경과되고 매월 정해진 날에 저축한 저축금(납입인정금액)이 지역별 85㎡ 이하 청약예금 예치금액 이상인 사람 - 청약저축에 가입하여 1순위 자격을 취득한 사람으로서 납입인정금액이 지역별 청약예금 예치금액 이상인 사람이 최초 입주자모집공고 전일까지 해당 청약예금으로 전환한 사람
2순위	- 청약예금에 가입하여 6개월이 경과한 사람 - 청약부금에 가입하여 6개월이 경과되고 매월 정해진 날에 저축한 저축금(납입인정금액)이 지역별 85㎡ 이하 청약예금 예치금액 이상인 사람 - 청약저축에 가입하여 2순위 자격을 취득한 사람으로서 납입인정금액이 지역별 청약예금 예치금액 이상인 사람이 최초 입주자모집공고 전일까지 해당 청약예금으로 전환한 사람
3순위	- 제1순위 및 제2순위에 해당되지 않는 사람

(주) 1. 순위별 청약자격 발생 기준일은 최초 입주자모집공고일 현재 기준임.

    2. 투기과열지구에서는 1순위 요건을 충족하였더라도 별도로 정해진 1순위 청약 제한 대상자에 해당하는 경우 2순위에 해당됨.

국민주택

■ 청약자격

최초 입주자모집공고일 현재 당해 주택건설지역(주택공급지역)에 거주하는 무주택세대주(입주시까지 무주택세대주이어야 함)

■ 청약순위

순 위	순 위 별 요 건
1순위	- 청약저축에 가입하여 2년이 경과된 사람으로서 매월 정해진 날에 월납입금을 24회 이상 납입한 사람
2순위	- 청약저축에 가입하여 6개월이 경과된 사람으로서 매월 정해진 날에 월납입금을 6회 이상 납입한 사람
3순위	- 제1순위 및 제2순위에 해당되지 않는 사람

(주) 1. 순위별 청약자격 발생 기준일은 최초 입주자모집공고일 현재 기준임.

    2. 투기과열지구에서는 1순위 요건을 충족하였더라도 별도로 정해진 1순위 청약 제한 대상자에 해당하는 경우 2순위에 해당됨.

민간건설 중형 국민주택

■ 청약자격

최초 입주자모집공고일 현재 당해 주택건설지역(주택공급지역)에 거주하는 20세 이상인 사람(배우자 또는 직계존·비속인 세대원이 있는 세대주는 20세 미만이라도 청약 가능)

■ 청약순위

순 위	순 위 별 요 건
1순위	- 청약예금에 가입($85m^2$ 이하에 한함)하여 2년이 경과한 사람(청약저축에 가입하여 $85m^2$ 이하 청약예금으로 전환한 사람 포함) - 청약부금에 가입하여 2년이 경과되고 매월 정해진 날에 저축한 저축금(납입인정금액)이 지역별 $85m^2$ 이하 청약예금 예치금액 이상인 사람 - 청약저축에 가입하여 2년이 경과된 사람으로서 매월 정해진 날에 월납입금을 24회 이상 납입한 사람
2순위	- 청약예금에 가입($85m^2$ 이하에 한함)하여 6개월이 경과한 사람 - 청약부금에 가입하여 6개월이 경과되고 매월 정해진 날에 저축한 저축금(납입인정금액)이 지역별 $85m^2$ 이하 청약예금 예치금액 이상인 사람 - 청약저축에 가입하여 6개월이 경과된 사람으로서 매월 정해진 날에 월납입금을 6회 이상 납입한 사람
3순위	- 제1순위 및 제2순위에 해당되지 않는 사람

(주) 1. 순위별 청약자격 발생 기준일은 최초 입주자모집공고일 현재 기준임.
   2. 투기과열지구에서는 1순위 요건을 충족하였더라도 별도로 정해진 1순위 청약제한 대상자에 해당하는 경우 2순위에 해당됨.

4. 청약통장 변경 및 활용

청약예금 · 부금 평형변경

■ 청약예금
가입 후 2년이 경과하면 예치금액을 변경, 다른 평형으로 신
청이 가능하다.
– 큰 평형으로 변경 : 변경 후 1년이 지나야 해당 평형을 청
약할 수 있으며 1년 이내는 기존 평형 청약이 가능하다.
– 작은 평형으로 변경 : 제한기간은 없으나 청약희망 아파트
최초 입주자모집공고 전일까지 변경해야 한다.

■ 청약부금
가입 후 2년이 경과하고 납입인정금액이 지역별 85m² 이하
청약예금 예치금액 이상 납입하면 85m² 초과 평형으로 예치
금액을 변경할 수 있다. 변경 후 2년이 경과할 때마다 평형을
변경할 수 있으며 이때 해당 평형의 청약자격은 청약예금 평
형변경과 동일하게 적용된다.

청약저축의 청약예금 전환

■ 전환요건
불입금액이 지역별 청약예금 예치금액 이상인 계좌로서 불입
한 금액 범위 내에서 희망하는 주택규모의 청약예금으로 전

환이 가능하다. 이때 순위 기산일은 청약저축 가입일로 계산
된다.

■ 전환 후 청약자격
전환 후 청약제한 기간 없이 청약제한 자격이 즉시 발생하지
만 청약하고자 하는 아파트의 최초 입주자모집공고 전일까지
전환해야 청약이 가능하다

🏠 청약예금 · 부금, 청약저축의 명의 변경 사유

- 2000. 3. 27 이후 가입 : 가입자 사망, 가입자 혼인, 가입
  자 개명, 가입자의 배우자 또는 세대원인 직계 존 · 비속으
  로 세대주 변경
- 이전 가입 : 가입자 사망, 가입자 혼인, 가입자 개명, 가입
  자의 배우자 또는 세대원인 직계 존 · 비속으로 세대주 변
  경

🏠 지역변경

청약예금 예치금액은 다른 주택건설 지역으로 주소지를 이전
할 경우 변경된 주소지 해당 예치금액과의 차액을 주택공급
신청 전까지 추가 예치하여야 한다. 단, 수도권(인천광역시
및 경기도) 거주자가 주소지를 이전하지 않고 청약예금 예치
금액 상향지역에서 공급되는 주택을 청약하는 경우에는 증액
을 하지 않고도 신청이 가능하다.

5. 분양공고 확인
반드시 분양업체 평형을 확인한다.

6. 청약신청

🏠 청약 구비서류

■ 공통 제출서류
- 청약통장(청약예금, 청약부금, 청약저축 가입자 중 제 1, 2 순위자에 한함)
- 예금인장(제1, 2순위자에 한함) 또는 본인 · 배우자 서명
- 주민등록증 · 국내거소신고증 · 외국인등록증 중 1(청약자의 거주지 등이 확인 가능해야 함)
- 주택공급신청서(민영, 국민, 중형 국민주택 중 택 1, 국민은행 비치)

■ 국민주택 청약 추가 제출서류
- 주민등록등본 1통(일정기간 이상 세대주 확인이 가능해야 하며 배우자 분리시 배우자의 주민등록등본 추가 제출)
- 주민등록등본상 세대주기간 확인 불가시 주민등록초본 1통
- 무주택서약서(국민은행 비치)

■ 제3자(본인, 배우자 외) 대리 신청 때 추가 제출서류
- 예금주의 인감증명서(용도 : 주택공급신청용). 단, 외국인의

경우에는 본국 관서의 증명(서명인증서)이나 이에 관한 공정증서가 첨부된 위임장도 가능

- 예금주의 인감도장(외국인이 인증된 서명으로 공급신청 위임시는 제외)
- 청약자의 인감도장이 날인된 위임장 1통(국민은행 비치)
- 대리신청자의 주민등록증 또는 국내거소신고증, 외국인등록증(본인 및 배우자의 주민등록증 제외)

※ 주민등록등 · 초본은 최초입주자 모집공고일 현재 3개월 이내에 발급된 것에 한함.

■ 유의사항
① 신청 후에는 어떠한 경우에도 취소나 정정을 할 수 없으므로 신중히 신청해야 한다.

② 동일한 아파트에 이중으로 청약하면 모두 무효 처리된다.
- 국민주택 공급기준이 1세대 1주택이므로 부부가 동시에 청약하거나 본인이 2건 이상 청약하면 이중청약처리
- 민영주택 및 민간건설 중형 국민주택 공급기준이 1인 1주택이므로 본인이 2건 이상 청약하면 이중청약처리

③ 당첨된 청약통장은 계약체결 여부와 관계없이 재사용이 불가능하다. 단, 분양전환되지 않는 임대주택에 당첨된 청약통장은 분양주택이나 분양전환되는 임대주택에 청약할 수 있다.

④ 청약통장을 해약한 경우라도 다음 각각의 구분에 따라 청약통장을 다시 납입하면 해약하지 않은 것으로 인정한다.

- 분양전환되지 않는 임대주택 당첨계좌를 해약한 날로부터 1년 이내 다시 납입하는 경우(2000. 3. 26 이전 임대주택 당첨계좌는 별도)
- 주택에 당첨 후 주택 소유에 따른 부적격자로 통보받은 날로부터 1년 이내 다시 납입하는 경우
- 사업주체의 파산 또는 입주자 모집 승인취소 등으로 이미 납부한 입주금을 반환받았거나 당해 주택에 입주할 수 없게 된 사실을 통보받은 날부터 1년 이내에 다시 납입하는 경우

7. 청약통장 200% 활용법

청약예금, 청약부금통장 1순위자가 100만 명 이상 급증할 것으로 예상됨에 따라 당첨 기회가 줄 것을 우려한 청약통장 가입자들이 일제히 신청을 서두르고 있다. 또한 분양권 전매를 통해 이익을 챙기려는 단기투자자들 또한 합세하고 있는 실정이다.

청약통장 1순위자가 200만 명을 넘어서면서 청약경쟁률은 더욱 치열해질 것이고 당첨률은 그만큼 떨어질 것이다. 미분양 아파트나 프리미엄이 붙은 분양권을 사지 않으면 새 아파트를 마련하기가 더욱 어려워진다는 뜻이다. 그렇기에 현재 갖고 있는 청약통장을 효율적으로 활용할 수 있는 방안을 찾아야 한다. 또한 원하는 지역에 어떤 평형대의 아파트가 주로 공급되는지 철저히 분석해야 한다.

1) 서울지역 아파트를 분양 받고 싶다면 무조건 주소를 서울지역으로 옮겨야 한다. 지역우선 공급원칙에 따라 같은 1순위라 하더라도 서울지역 가입자가 우선 청약을 하고 여기에서 분양물량이 남아 있어야 청약할 수 있는 자격이 생기기 때문이다. 서울지역 청약 1순위에서 물량이 남아 있다 하더라도 수도권 청약자는 서울을 제외한 인천 및 경기도 청약자와 경쟁을 해야 하기 때문에 당첨가능성은 크게 떨어진다.

따라서 서울지역 아파트를 분양 받으려면 서울로 주소를 이전해야 하며 이전할 때 청약자 혼자만 단독 이주도 1순위로 청약하는 데는 지장이 없다.

서울 강남권 아파트에 청약하려면 불입금액을 1,000만 원 이상 통장으로 전환하는 게 유리하다. 강남권의 경우 중·소형 아파트 분양 물량은 거의 없고 대부분 중·대형 아파트만 공급되기 때문이다. 반면 전용면적 25.7평형 아파트 등을 무난하게 청약하려면 가장 쓸모가 많은 600만 원짜리가 적합하다. 600만 원짜리 통장은 300만 원짜리 통장 가입자가 신청할 수 있는 전용 25.7평 이하 주택은 물론 30.8평 이하 주택에도 신청할 수 있어 활용가치가 높기 때문이다.

2) 경기지역 아파트를 분양 받을 때에도 주소를 옮기는 것이 유리하다. 최초 입주자모집공고일 현재 해당 지역에서 1년 이상 거주해야 지역우선 순위로 분양 받을 수 있기 때문이다. 하지만 일부 과열 지역(특히 용인 등)을 제외한 경기지역 대부분은 최초 입주자모집공고일 전날까지 주소를 옮기면 지역우선 순위로 청약할 수 있다.

7 드디어 청약을 하다

 나와 한움큼은 오랜 고심 끝에 청약대상 아파트를 결정했다. 사실 그때만큼 나와 한움큼이 의견일치를 한 적이 없었다. 그 동안 겉으로 보기에는 나와 한움큼이 일심동체로 움직이고 있는 것처럼 보였을 수도 있을 것이다. 하지만 그것은 엄청난 오해였다. 순전히 싸우는 것조차 귀찮아서 나는 한움큼이 하자는 대로 따라 했을 뿐이었다.

하지만 이번에는 달랐다. 나와 한움큼에게는 공동의 목표가 있었다. 왜 그런 말도 있지 않은가? 아무리 사이가 안 좋은 이웃이라도 외부에서 들어온 이방인을 대할 때면 한 목소리를 내는 법

신규 분양 아파트 청약 우선 순위와 계약

이라고. 아마 그런 이유에서 나와 한움큼은 진실로 한마음, 한뜻
이 되었다.

　나와 한움큼은 그 동안 우리가 모아온 자료와 정보를 총동원하
여 우리에게 가장 적합한 청약대상 아파트를 찾아내기에 골몰했
다. 청약대상 아파트를 선택할 때는 나와 한움큼이 만든 지침이
기준이 되었다.

　드디어 청약대상 아파트를 선정했다. 선택을 한 뒤에 나와 한
움큼은 비장한 표정으로 포옹했다. 우리의 승리를 기원하면서.
이제 남은 것은 누가 신청을 하느냐, 그것만이 남았다.

　"자기가 해!"

의외로 한움큼은 그 영광된 기회를 순순히 내게 넘겨주었다.
(다른 사람들에게는 줄을 서서 기다리는 것이 고통스럽고 짜증나는 일
이겠지만 나와 한움큼에게는 그렇지 않았다. 지난 3년의 결실을 직접
두 눈으로 확인하는 일이었다.)

'별 일도 다 있다' 생각하면서 나는 한움큼의 양보를 받아들였
다. 그때였다.

"이번에 꼭 당첨되면 좋겠다."

이건 또 무슨 말인가? 한움큼이 이렇게 마음 약한 말을 할 사
람이 아니었다.

당첨되면 좋겠다는 말은 내가 해야 했고 내가 알고 있는 한움
큼이라면 "무슨 소리야, 될 때까지 해야 하는데 이제 겨우 한 번
신청하면서 그런 말하면 어떻게 해?"라고 했어야 옳았다.

한움큼도 이럴 때가 있나, 조금은 의아한 생각도 들었지만 막
중대사를 앞두고 있었기에 모른 척 하고 지나쳤다. 사실 나는 청
약에서 떨어질 것이라는 생각은 추호도 하지 않았다. 지나온 삶
을 돌이켜보면 나는 비교적 행운이 따라주는 편이었다. 단 한 가
지, 여성 문제만 제외하고. 그렇기에 나는 자신 있게 우리가 선택
한 아파트 청약을 위해 집을 나섰다.

신규 아파트 분양시 청약자들의 우선 순위는 다음과 같다.

1. 민영주택 및 민간건설 중형 국민주택

1) 대규모 택지개발지구[서울시를 제외한 인천 및 경기도 지역에서 택지개발촉진법에 의한 택지개발사업이 시행되는 지역으로 그 면적이 66만㎡(약 20만 평 이상인 지구)]인 경우 공급물량의 30%를 해당 지역 거주자에게 우선 공급하고 나머지 70%는 수도권지역 거주자에게 공급한다.

2) 동일 순위 내에서 당해 지역 거주자 공급신청이 미달할 때 잔여물량은 수도권지역 거주자에게 공급한다.

3) 해당 지역 공급신청이 초과되면 낙첨자는 수도권지역 신청자를 포함해 당첨자를 선정한다.

4) 일반지역 청약순위(1, 2, 3 순위)에 따라 추첨 방식으로 입주자를 선정한다.

5) 수도권지역에 공급되는 주택의 경우 동일 순위 안에서는 해당 지역 거주자를 우선 선정한다.

2. 국민주택

1) 청약순위(1, 2, 3 순위)에 따라 추첨 방식으로 입주자를 선정하되 같은 순위일 때에는 다음 순차에 따라 선정한다.

2) 전용면적 $40m^2$ 이하 주택의 경우
① 5년 이상의 기간 무주택세대주로서 납입횟수가 많은 자
② 3년 이상의 기간 무주택세대주로서 납입횟수가 많은 자
③ 납입횟수가 많은 자
④ 부양가족이 많은 자
⑤ 당해 주택건설지역에 장기 거주자

3) 전용면적 $40m^2$ 초과 주택의 경우
① 5년 이상의 기간 무주택세대주로서 매월 약정납입일에 월 납입금을 60회 이상 납입한 가입자 중 저축총액이 많은 자
② 3년 이상의 기간 무주택세대주로서 저축총액이 많은 자
③ 저축총액이 많은 자
④ 납입횟수가 많은 자
⑤ 부양가족이 많은 자
⑥ 당해 주택건설지역에 장기 거주자

3. 계 약

- **공통 제출서류**
  - 계약금
  - 계약자의 인감증명서 1통(용도 : 아파트 계약용)
  - 인감도장
  - 위임장(제3자 대리 계약시에 한함)
  - 주민등록증
  - 주민등록등본
  - 주택공급신청서 접수증

- **추가 제출서류**
  - 호적등본(주택공급신청시 배우자를 기재하지 않은 당첨자에 한함)
  - 국민주택 공급대상 당첨자 중 주택소유 여부 전산검색 결과 부적격 당첨자로 전산검색된 자로서 실제 주택소유 여부를 확인할 필요가 있는 경우에 한해 사업주체에 무주택입증서류(배우자 분리시 배우자 및 그 세대원의 무주택입증서류 포함)를 추가 제출한다. 추가 제출서류에는 건물등기부등본 또는 건축물관리대장등본(가옥대장등본 포함), 무허가건물확인서 또는 철거예정증명서, 기타 무주택자임을 증명하는 서류 등이 있다.

8 좌절 속에서 찾은 한줄기 빛

 어이없는 결과에 대해서 나는 할 말을 잃었다. 내가, 다른 사람도 아닌 내가 당첨되지 않다니! 비교적 운이 좋은 편이라고 자신하던 내가 당첨되지 않다니! 이제 나를 따라다니던 행운의 여신도 내 곁을 떠나버리고 만 것인가?

이런 날은 집에 들어가지 않고 샛길로 빠져서 술이라도 한잔 마시고 싶었다.

설령 그렇게 한다고 해도, 제 아무리 한움큼이라고 할지라도 내게 뭐라고 할 수는 없을 것 같았다.

미분양 아파트, 잘만 고르면 보배

지난 3년간의 노력이 단 한 번의 추첨으로 날아간 지금 그렇게 하지 않으면 어떻게 버틴단 말인가?

하지만 내 발걸음은 저절로 집으로 향하고 있었다. 지난 3년 동안 몸에 밴 습관 때문에 그런 것은 아니었다. 몸에 밴 습관보다 더 중요한 내 마음은 언제나 집으로 가는 길의 일탈을 꿈꾸고 있었으니까.

내가 이런 날 집으로 향하는 것은 순전히 한움큼 때문이었다. 나와의 전화 통화를 통해 당첨되지 않았다는 소식을 들은 한움큼은 한동안 아무 말도 하지 않았다. 한참만에 한움큼은 "알았어"라고 말한 뒤에 전화를 끊었다.

나는 그 짤막한 한마디에서 한움큼의 목소리에 배여 있는 울음을 감지했다. 잘못 들었을 수도 있지만 그 순간 내가 느끼기에는 분명히 그랬다. 어쩌면 착각일 수도 있었다. 지금까지 나는 한움큼이 우는 것은 물론이고 흐느끼는 것조차 본 적도, 들은 적도 없었다. 그런데도 나는 한움큼이 울고 있다고 생각했다. 그 생각은 지금까지도 같다.

생각해보니 요즘 들어서 한움큼이 부쩍 기가 죽은 것만 같았다. 나는 집에 들어가기 전에 지갑을 톡톡 털어서 술과 안주거리로 과일을 샀다. 이런 날 술만큼 마음에 위안을 주는 것이 어디에 있단 말인가!

한움큼은 이미 돌아와 있을 시간이었다. 오늘만큼은 자상하고 정 깊은 남편이 되기로 한 나는 소리나지 않게 문을 열고 들어갔다. 한움큼을 놀래줄 생각이었다. 그런데 그 의도는 처음부터 빗나갔다. 한움큼은 식탁에 신문 몇 개를 활짝 펼쳐놓고 무엇인가를 찾는 중이었다. 내가 들어온 것도 모르고 한움큼은 신문을 뒤적이고 노트에 적기를 반복하고 있었다.

나는 한움큼 앞에 술병과 과일을 내려놓았다. 그때서야 한움큼은 내가 들어온 것을 알았다. 고개를 든 한움큼이 식탁 위에 펼쳐놓은 신문을 치우려고 했다. 하지만 한움큼의 행동보다 내 눈동자의 움직임이 더 빨랐다.

"미분양? 미분양은 뭐하게?"

"배고프지. 빨리 밥할게."

한움큼은 대답을 하지 않고 자리에서 일어섰다.

"설마 당신 미분양 아파트에 들어가려는 것 아니지? 지금까지 노력한 것이 아까워서라도 그렇게 할 수는 없지."

뜻밖이었다. 이런 경우 제풀에 지친 내가 미분양 아파트 공고를 뒤적이고 한움큼은 길길이 뛰면서 세상이 두 쪽 나도 그런 일은 없다고 난리를 쳐야 했다. 하여튼 요즘 한움큼의 행동은 뭔가 이상했다.

한움큼이 쌀을 씻어 안쳤다. 나는 그런 한움큼을 불렀다.

"여기 앉아 봐."

내가 부르자 한움큼은 젖은 손을 닦고 내 앞자리에 앉았다.

"요즘 어디 아파? 왜 그래?"

"아픈 데 없어."

"기분도 안 좋을 텐데 우리 술이나 한잔 하자."

"… 나 술 못 마셔."

"웬일이야? 당신이 술을 다 마다하고? 그럼 나 혼자 마시…."

아뿔싸. 왜 진작 그 생각을 하지 못했던가. 나는 들고 있는 술잔을 내려놓지도 그렇다고 목구멍 안으로 넘기지도 못한 상태에서 한움큼을 바라보았다. 한움큼은 그 사이에도 고개를 숙이고 무엇인가를 생각하고 있었다.

"혹시, 당신?"

내가 말하자 한움큼이 고개를 들었다.

"혹시, 그거야?"

한움큼이 고개를 끄덕였다. 문득 두 달 전 그 날 밤이 생각났다. 욕실에 가서 들고 나오는 것이 귀찮아서 아무 일 없을 거라고 다독거리며 사랑을 나눴던 그 날 밤이. 그렇다면 그 밤에?

내가 아빠가 된다는 것이 믿어지지 않았다. 아니, 그것보다 기뻐할 일인지, 슬퍼할 일인지 그것도 판단을 내리기 힘들었다. 결혼을 하면서 나와 한움큼은 아이들만은 '내 집'에서 낳아 기르기로 약속하지 않았던가.

그렇다면….

"그래서 미분양 아파트 공고 본 거야? 미분양 아파트라도 들어가려고?"

"그래. 속상해 죽겠어."

그 순간 돌아가는 잔머리! 이럴 때 처신은 평생을 좌우하게 마련이다. 일단 무조건 기뻐하고 찬양하라! 그래야 뒤탈이 없을 것이다. 그것은 인생 선배들이 하나같이 들려준 충고였다.

"잘 된 거야. 당신 나이도 있고 오히려 늦었지. 나는 당신이 고마워. 정말 사랑해."

약간 더듬거리기는 했지만 꽤 괜찮은 연기였다. 한움큼이 손바닥으로 감싸고 있던 얼굴을 보인 걸 보면.

"정말?"

"그럼! 정말이고 말고. 오늘같이 기쁜 날 술을 안 마실 수가 있나. 당신은 가만히 있어. 저녁도 내가 할 테니까."

자리에서 일어나 부산을 떨면서 나는 마음속으로 말했다.

'아, 10년 아니, 3년 공부 도로아미타불이로구나. 이렇게 될 줄 알았으면 3년 동안 그 비참한 생활을 하지 않는 건데.'

부동산 경기가 상승할 경우, 미처 내 집 마련의 준비가 되어 있지 않다면 미분양 아파트를 노려보는 것도 한 가지 방법이다. 미분양 아파트는 첫 번째 내 집 마련의 좋은 기회이자 잘 고르면 재산 증식에도 도움을 줄 수 있다.

미분양 아파트를 선택하는 기준은 다음과 같다.

1. 원하는 지역에 미분양 아파트가 있는지를 확인한다. 인기 지역이라고 해도 모든 아파트가 분양되는 것은 아니다.

2. 특정 지역을 선호하지 않는다면 가까운 미래에 개발계획이 있거나 개발 가능성이 높은 지역의 미분양 아파트를 선택한다.

미분양 아파트는 현재 가치보다는 미래 가치를 중시해야 재산 증식을 가져올 수 있다. 그렇기에 지역여건 및 주변여건이 개선될 수 있는 지역, 교통여건 개선이나 확충계획이 있는 지역의 미분양 아파트를 선택하도록 한다.

3. 미분양 아파트는 보통 주거환경이나 지역여건이 복합적으로 작용한 경우가 많다. 따라서 미분양이 발생한 이유를 파악해야 한다.

4. 미분양 아파트라면 반드시 모델하우스 및 현장을 방문해야 한다. 모델하우스를 방문해 자세한 사항을 알아본 뒤에 현장의 공사진행상황을 확인한다.

5. 교통여건이나 주거환경 등을 직접 파악한다.

6. 반드시 인근 아파트와의 가격 비교를 해야 한다.

7. 분양을 받기로 결정하면 입주시기에 따라 자금계획을 수립하도록 해야 한다. 보통 미분양으로 남아 있는 아파트는 신규 분양 아파트보다 입주시기가 빠르다. 따라서 미분양 아파트의 입주시기에 맞는 자금계획이 필요하며, 건설업체의 중도금 지원과 납입방법을 꼼꼼히 살펴야 한다.

8. 미분양 아파트를 구입할 경우에는 중·대형을 선택하는 것이 유리하다. 미분양 아파트는 그만한 이유가 있어 미분양된 것이기 때문에 나중에 환금성에 문제가 생길 소지가 많다. 따라서 환금성이 높은 중·대형 규모의 아파트를 선택하도록 한다.

9 백천만, 드디어 내 집을 갖다

모든 부동산 매매에는 부대비용이 들어가게 마련이다. 부대비용 중에서 가장 큰 부담은 역시 세금이다. 여기에 등기비, 채권매입비 등이 소요된다. 내 집 마련을 위한 자금 계획을 수립할 때는 이와 같은 부대비용을 감안해야 한다.

일반적으로 부동산 매입에 들어가는 부대비용은 취득세, 등록세, 교육세, 농어촌특별세를 합해 매입가액의 5.6%, 등기비용, 국민주택채권매입비가 매입가액의 약 4% 등 모두 합쳐 매입가액의 약 6% 정도가 소요된다.

세금을 알아야
내 집이 보인다

 새 식구가 태어난 지 100
일째 되던 날, 나는 내 손으로 직접 등기를 마쳤다.

등기소에서 돌아오는 길에 나는 한웅큼을 꼭 빼닮은 가지(可
知)에게 줄 선물을 샀다. 지금 집에는 집들이 겸 가지의 백일을
축하하기 위해 부친과 어머니 그리고 장인과 장모 등 양가 가족
들이 나를 기다리고 있었다.

버스에서 내려 부지런히 발걸음을 옮기던 나는 아차, 싶어서
걸음을 멈추었다. 중요한 것을 한 가지 빠뜨렸던 것이다. 나는 전

철역 입구까지 다시 걸어갔다. 그리고 위풍당당하게 문을 열고 들어선 곳은 바로 자동차 영업소였다.

승용차? 승용차는 너무 점잖게 보여서 싫었다. 아주 비싼 고급 승용차라면 모를까, 2000cc급 승용차는 길에 널려 있지 않은가. 그렇다면 SUV? 내가 생각하기에도 SUV가 내게 가장 어울렸다. 하지만 한움큼이 허락할지, 그것은 자신이 없었다. 생각해보니 한움큼과는 좋아하는 자동차에 대해서는 말하지 않았다. 나는 혹시 몰라서 RV 차량의 카탈로그도 챙겼다.

집으로 돌아오면서 나는 상상의 나래를 활짝 폈다. 지난 5년 동안 썩혀두었던 운전면허증을 다시 활용할 날을 생각하니 온몸에 소름이 돋을 정도로 기분이 좋았다.

지난 5년 동안 뚜벅이족으로 살았으니 이제는 내게도 멋진 차가 필요했다. 내게도 그 정도는 누릴 수 있는 권리와 자격이 있었다. 왜? 나는 그 동안 내 집 마련, 그 목표만을 위해서 혼신의 힘을 다해서 살았으니까.

내 집에 이사온 뒤로(이사온 지 일 주일도 지나지 않았지만) 나는 열쇠를 사용하지 않았다. "딩동" 하는 벨소리도 듣기 좋았고 누를 때의 감촉이란, 더군다나 안에서 나를 확인한 뒤에 자동으로 도어가 열릴 때의 금속음도 듣기 좋았다.

문이 열렸다. 예상했던 대로 현관에는 많은 신발들이 놓여 있었다. 신을 벗는 사이에 가지엄마(가지를 낳은 뒤로 변한 한움큼의

새로운 호칭)가 마중 나왔다.

"왜 이렇게 늦었어? 다들 오셔서 기다리잖아?"

"등기소 들렀다가 오면 이 시간이지 뭘 그래? 다들 오셨어?"

"그럼. 그런데 손에 든 것은 뭐야?"

"자동차 카탈로그."

나는 간단하게 대답하고 거실로 올라섰다. 나를 기다리고 있던 장인과 장모에게 인사를 했다. 아직도 관계가 회복되지 않은 부친에게는 고개를 숙이며 "언제 오셨어요?"라고 인사했다. 부친은 "아까 왔다." 한마디 하시고는 내게서 고개를 돌렸다. 더 이상 내게 말을 건넬 부친이 아니었다.

옷을 갈아입기 위해 방에 들어왔을 때였다. 안고 있던 가지는 어디에 맡겨두고 가지엄마가 쪼르르, 방안으로 따라 들어왔다.

"왜? 내게 할 말 있어?"

"카탈로그는 왜 챙겨 왔어?"

"당신하고 상의도 해야 하니까."

"차에 대해서?"

"그럼. 이제는 차를 살 때도 되지 않았어? 그리고 당신도 처가에 가지 맡겼다가 찾아오려면 차가 필요할 것 아냐?"

"차는 내가 알아서 해."

"뭐? 어떻게 하려고?"

"친구네가 이번에 차 바꾸는 데 그 차 받기로 했어."

"뭐? 몇 년 식인데?"

"내가 그런 걸 어떻게 알아. 탄 지 7년밖에 안 됐데. 그러니까 그런 줄 알아."

"가지엄마!"

"자기도 속 좀 차려. 겨우 집 한 채 마련했다고 차 사고, 뭐하고

하면 언제 돈벌어서 집 옮길래? 집 옮길 때까지는 지금까지 살았던 것처럼 살 거니까 그렇게 알아. 그리고 차 얘기는 더 이상 꺼내지마."

가지엄마는 못을 박듯이, 말을 마치고 밖으로 나가버렸다.

뭐? 집을 옮길 때까지는 지금까지 살았던 것처럼 그렇게 살겠다고? 나, 백천만의 인생은 언제까지 이 모양으로 살아야 한단 말인가!

결혼 이후 지난 세월이 눈앞에 파노라마처럼 펼쳐졌다. 머리카락을 쥐어뜯으면서 "안 돼! 누구 맘대로?"라고 소리라도 지르고 싶었다. 하지만 부질없는 짓이라는 것을 나는 알고 있었다.

결국 나는 한움큼 아니 가지엄마의 뜻에 굴복하고 말 테니까. 집에 돌아오는 동안의 행복했던 상상은 한숨이 되어 흘러나왔다.

가림출판사 · 가림M&B · 가림Let's에서 나온 책들

문 학

바늘구멍
켄 폴리트 지음 / 홍영의 옮김

미국 추리작가 협회의 최우수 장편상을 받은 초유의 베스트 셀러로 전쟁을 통한 두뇌싸움을 치밀하고 밀도 있게 그려낸 추리소설. 신국판 / 342쪽 / 5,300원

레베카의 열쇠
켄 폴리트 지음 / 손연숙 옮김

최고의 모험, 폭력, 음모 그리고 미국적인 열정 속에 담긴 두 남녀의 사랑이야기를 독자들의 상상을 뒤엎는 확실한 긴장감으로 마지막까지 흥미진진한 켄 폴리트의 장편 추리소설. 신국판 / 492쪽 / 6,800원

암병선
니시무라 쥬코 지음 / 홍영의 옮김

암병선을 무대로 인간생명의 존엄성을 지키기 위해 불의와 맞서는 시라도리 선장의 꿋꿋한 의지와 애절한 암환자들의 심리가 생생하게 묘사된 근래 보기드문 걸작. 신국판 / 300쪽 / 4,800원

첫키스한 얘기 말해도 될까
김정미 외 7명 지음

이 시대의 젊은 작가 8명이 가슴속 깊이 간직했던 나만의 소중한 이야기를 살짝 털어놓은 상큼한 비밀 이야기. 신국판 / 228쪽 / 4,000원

사미인곡 上·中·下
김충호 지음

파란만장한 일생을 보낸 정철의 생애를 통해 난세를 살아가는 우리에게 삶의 지혜와 기쁨을 선사하는 대하 역사 소설. 신국판 / 각 권 5,000원

이내의 끝자리
박수완 스님 지음

앞만 보고 살아가는 우리에게 자신을 뒤돌아볼 수 있는 여유를 갖게 해주는 승려시인의 가슴을 울리는 주옥 같은 시집. 국판변형 / 132쪽 / 3,000원

너는 왜 나에게 다가서야 했는지
김충호 지음

세상에 대한 사랑의 아픔, 그리움, 영혼에 대한 고뇌를 달래야 했던 시인이 살아 있는 영혼을 지닌 이들에게 전하는 사랑의 메시지. 국판변형 / 124쪽 / 3,000원

세계의 명언
편집부 엮음

위인이나 유명인들의 글, 연설문 혹은 각 나라에서 전해져 오는 속담을 통하여 지난날을 되새겨보는 백과전서로서, 오늘을 반성하는 교과서로서, 그리고 미래를 설계하는 참고서로서 역할을 해줄 것이다. 신국판 / 322쪽 / 5,000원

여자가 알아야 할 101가지 지혜
제인 아서 엮음 / 지창국 옮김

남녀가 함께 살면서 경험으로 터득한 의미심장하면서도 재미 있는 조언들을 발췌한 내용으로 독신의 삶을 청산하려는 이들이 알아야 할 유용하고 상상력 풍부한 힌트로 가득찬 감동의 메시지이다. 4·6판 / 132쪽 / 5,000원

현명한 사람이 읽는 지혜로운 이야기
이정민 엮음

현대를 살아가는 우리들에게 삶의 가치를 부여해주고 자기 성찰의 기회를 갖게 해준다. 신국판 / 236쪽 / 6,500원

성공적인 표정이 당신을 바꾼다
마츠오 도오루 지음 / 홍영의 옮김

자신뿐만 아니라 주위 사람들의 마이너스 사고를 플러스 사고로 바꾸어서 사람의 마음을 움직이며, 그리고 사람의 마음에 남는 최고의 웃는 얼굴을 만드는 비법 총망라! 신국판 / 240쪽 / 7,500원

태양의 법
오오카와 류우호오 지음 / 민병수 옮김

불법 진리 사상의 윤곽과 그 목적·사명을 명백히 함으로써 한 사람 한사람의 인간이 깨달음을 추구하고 영적으로 깨우치기 위한 명확한 방향을 제시하였다. 신국판 / 246쪽 / 8,500원

영원의 법
오오카와 류우호오 지음 / 민병수 옮김

일찍이 설해졌던 적도 없고 앞으로도 설해지지 않을 구원의 진리를 한 권의 책에 이론적 형태로 응축한 기본 삼법의 완결편. 신국판 / 240쪽 / 8,000원

석가의 본심
오오카 류우호오 지음 / 민병수 옮김

석가모니의 사고방식을 현대인들에게 맞게 써 현대인들이 친근하게 석가모니에게 다가설 수 있게 한 불교 가이드서. 신국판 / 246쪽 / 10,000원

옛 사람들의 재치와 웃음
강형중·김경익 편저

옛 사람들의 재치와 해학을 통해 한문의 묘미를 터득하고 한자를 재미있게 배우며 유머감각까지 높일 수 있는 일석삼조의 효과 만점. 신국판 / 316쪽 / 8,000원

지혜의 쉼터

쇼펜하우어 지음 / 김충호 엮음

쇼펜하우어의 철학체계를 통하여 풍요로운 삶의 지혜를 얻고 기쁨을 얻을 수 있도록 꾸며 놓은 철학이야기.

4·6판 양장본 / 160쪽 / 4,300원

헤세가 너에게

헤르만 헤세 지음 / 홍영의 엮음

순수한 애정과 자유를 갈구하는 헤세의 아름다운 세상을 통한 깨끗한 정신세계를 공유할 수 있는 기회를 제공.

4·6판 양장본 / 144쪽 / 4,500원

사랑보다 소중한 삶의 의미

크리슈나무르티 지음 / 최윤영 엮음

금세기 최고의 사상가이자 철학자인 크리슈나무르티가 인간의 정신적 사고의 구조와 본질을 규명하여 인간의 삶에 대한 가장 완벽한 해답을 제시. 신국판 / 180쪽 / 4,000원

장자-어찌하여 알 속에 털이 있다 하는가

홍영의 엮음

동양 사상의 저변에 흐르고 있는 자연에의 경외감을 유감없이 표현한 장자를 통하여 인간 본연의 자세로 돌아가 나를 돌아보는 계기를 만들어 주는 책. 4·6판 / 180쪽 / 4,000원

논어-배우고 때로 익히면 즐겁지 아니한가

신도회 엮음

인간에게 필요불가결한 윤리와 도덕생활의 교훈들을 평이한 문체로 광범위하게 집약한 논어의 모든 것!!
4·6판 / 180쪽 / 4,000원

맹자-가까이 있는데 어찌 먼 데서 구하려 하는가

홍영의 엮음

반성과 자책을 통해 잃어버린 양심을 수습하고 선으로 복귀할 것을 천명하는 맹자 사상의 집대성!! 4·6판 / 180쪽 / 4,000원

아름다운 세상을 만드는 사랑의 메시지 365

DuMont monte Verlag 엮음 / 정성호 옮김

독일에서 출간 이후 1백만 권 이상 판매된 베스트셀러. 특별히 소중한 사람을 행복하게 만드는 독창적인 사랑고백법 365가지를 수록한 마음이 따뜻해지는 책.

4·6판 변형 양장본 / 240쪽 / 8,000원

황금의 법

오오카와 류우호오 지음 / 민병수 옮김

불법진리의 연구 및 공부를 통하여 종교적 깨달음의 깊이를 더해 주는 불서. 신국판 / 320쪽 / 12,000원

왜 여자는 바람을 피우는가?

기젤라 룬테 지음 / 김현성·진정미 옮김

각계 각층의 여자들과의 인터뷰를 바탕으로 하여 여자들이 바람 피우는 이유를 진솔하게 해부한 여성 탐구서.

국판 / 200쪽 / 7,000원

건 강

식초건강요법

건강식품연구회 엮음 / 신재용(해성한의원 원장) 감수

가장 쉽게 구할 수 있고 경제적인 식품이면서 상상할 수 없을 정도로 뛰어난 약효를 지닌 식초의 모든 것을 담은 건강지침서! 신국판 / 224쪽 / 6,000원

아름다운 피부미용법

이순희(한독피부미용학원 원장) 지음

피부조직에 대한 기초 이론과 우리 몸의 생리를 알려줌으로써 아름다운 피부, 젊은 피부를 오래 유지할 수 있는 비결 제시!

신국판 / 296쪽 / 6,000원

버섯건강요법

김병각 외 6명 지음

종양 억제율 100%에 가까운 96.7%를 나타내는 기적의 약용버섯 등 신비의 버섯을 통하여 암을 치료하고 비만, 당뇨, 고혈압, 동맥경화 등 각종 성인병 예방을 위한 생활 건강 지침서!
신국판 / 286쪽 / 8,000원

성인병과 암을 정복하는 유기게르마늄

이상현 편저 / 쿄오 샤오이 감수

최근 들어 각광을 받고 있는 새로운 치료제인 유기게르마늄을 통한 성인병, 각종 암의 치료에 대해 상세히 소개.
신국판 / 312쪽 / 9,000원

난치성 피부병

생약효소연구원 지음

현대의학으로도 치유불가능했던 난치성 피부병인 건선·아토피(태열)의 완치요법이 수록된 건강 지침서.
신국판 / 232쪽 / 7,500원

新 방약합편

정도명 편역

자신의 병을 알고 증세에 맞춰 스스로 처방을 할 수 있고 조제할 수 있는 보약 506가지 수록. 신국판 / 416쪽 / 15,000원

자연치료의학

오홍근(신경정신과 의학박사·자연의학박사) 지음

대한민국 최초의 자연의학박사가 밝힌 신비의 자연치료의학으로 자연산물을 이용하여 부작용 없이 치료하는 건강 생활 비법 공개!! 신국판 / 472쪽 / 15,000원

약초의 활용과 가정한방

이인성 지음

주변의 흔한 식물과 약초를 활용하여 각종 질병을 간편하게 예방·치료할 수 있는 비법제시. 신국판 / 384쪽 / 8,500원

역전의학

이시하라 유미 지음 / 유태종 감수

일반상식으로 알고 있는 건강상식에 대해 전혀 새로운 관점에서 비판하고 아울러 새로운 방법들을 제시한 건강 혁명 서적!!
신국판 / 286쪽 / 8,500원

이순희식 순수피부미용법
이순희(한독피부미용학원 원장) 지음

자신의 피부에 맞는 관리법으로 스스로 피부관리를 할 수 있는 방법을 제시하고 책 속 부록으로 천연팩 재료 사전과 피부 타입별 팩 고르기. 신국판 / 304쪽 / 7,000원

21세기 당뇨병 예방과 치료법
이현철(연세대 의대 내과 교수) 지음

세계 최초 유전자 치료법을 개발한 저자가 당뇨병과 대항하여 가장 확실하게 이길 수 있는 당뇨병에 대한 올바른 이론과 발병시 대처 방법을 상세히 수록! 신국판 / 360쪽 / 9,500원

신재용의 민의학 동의보감
신재용(해성한의원 원장) 지음

주변의 흔한 먹거리를 이용하여 신비의 명약이나 보약으로 활용할 수 있는 건강 지침서로서 저자가 TV나 라디오에서 다 밝히지 못한 한방 및 민간요법까지 상세히 수록!! 신국판 / 476쪽 / 10,000원

치매 알면 치매 이긴다
배오성(백상한방병원 원장) 지음

B.O.S.요법으로 뇌세포의 기능을 활성화시키고 엔돌핀의 분비 효과를 극대화시켜 증상에 맞는 한약 처방을 병행하여 치매를 치유하는 획기적인 치유법 제시. 신국판 / 312쪽 / 10,000원

21세기 건강혁명 밥상 위의 보약 생식
최경순 지음

항암식품으로, 다이어트식으로, 젊고 탄력적인 피부를 유지할 수 있게 해주는 자연식으로의 생식을 소개하여 현대인들의 건강 길라잡이가 되도록 하였다. 신국판 / 348쪽 / 9,800원

기치유와 기공수련
윤한홍(기치유 연구회 회장) 지음

누구나 노력만 하면 개발할 수 있고 활용할 수 있는 기 수련 방법과 기치유 개발 방법 소개. 신국판 / 340쪽 / 12,000원

만병의 근원 스트레스 원인과 퇴치
김지혁(김지혁한의원 원장) 지음

만병의 근원인 스트레스를 속속들이 파헤치고 예방법까지 속 시원하게 제시!! 신국판 / 324쪽 / 9,500원

김종성 박사의 뇌졸중 119
김종성 지음

우리나라 사망원인 1위. 뇌졸중 분야의 최고 권위자인 저자가 일상생활에서의 건강관리부터 환자간호에 이르기까지 뇌졸중의 예방, 치료법 등 모든 것 수록. 신국판 / 356쪽 / 12,000원

탈모 예방과 모발 클리닉
장정훈 · 전재홍 지음

미용적인 측면과 우리가 일상적으로 고민하고 궁금해 하는 털에 관한 내용들을 다양하고 재미있게 예들을 들어가면서 흥미롭게 풀어간 것이 이 책의 특징. 신국판 / 252쪽 / 8,000원

구태규의 100% 성공 다이어트
구태규 지음

하이틴 영화배우의 다이어트 체험서.
저자만의 다이어트법을 제시하면서 바람직한 다이어트에 대해서도 알려준다. 건강하게 날씬해지고 싶은 사람들을 위한 필독서! 4 · 6배판 변형 / 240쪽 / 9,900원

암 예방과 치료법
이춘기 지음

암환자와 가족들을 위해서 암의 치료방법에서부터 합병증의 예방 및 암이 생기기 전에 알 수 있는 방법에 이르기까지 상세하게 해설해 놓은 책. 신국판 / 296쪽 / 11,000원

알기 쉬운 위장병 예방과 치료법
민영일 지음

소화기관인 위와 관련 기관들의 여러 질환을 발병 원인, 증상, 치료법을 중심으로 알기 쉽게 해설해 놓은 건강서.
신국판 / 328쪽 / 9,900원

이온 체내혁명
노보루 야마노이 지음 / 김병관 옮김

새로운 건강관리 이론으로 주목을 받고 있는 음이온을 통해 건강을 돌볼 수 있는 방법 제시. 신국판 / 272쪽 / 9,500원

어혈과 사혈요법
정지천 지음

침과 부항요법 등을 사용하여 모든 질병을 다스릴 수 방법과 우리 주변에서 흔하게 접할 수 있는 각 질병의 상황별 처치를 혈자리 그림과 함께 해설. 신국판 / 308쪽 / 12,000원

약손 경락마사지로 건강미인 만들기
고정환 지음

경락과 민족 고유의 정신 약손을 결합시킨 약손 성형경락 마사지로 수술하지 않고도 자신이 원하는 부위를 고치는 방법을 제시하는 건강 미용서. 4×6배판 변형 / 284쪽 / 15,000원

정유정의 LOVE DIET
정유정 지음

널리 알려진 온갖 다이어트 방법으로 살을 빼려고 노력했던 저자의 고통스러웠던 다이어트 체험담이 실려 있어 지금 살 때문에 고민하는 사람들이 가슴에 와 닿는 나만의 다이어트 계획을 나름대로 세울 수 있을 것이다.
4×6배판 변형 / 196쪽 / 10,500원

머리에서 발끝까지 예뻐지는 부분다이어트
신상만 · 김선민 지음

한약을 먹거나 침을 맞아 살을 빼는 방법, 아로마요법을 이용한 다이어트법, 운동을 이용한 부분비만 해소법 등이 실려 있으므로 나에게 맞는 방법을 선택해 날씬하고 예쁜 몸매를 만들 수 있을 것이다. 4×6배판 변형 / 196쪽 / 11,000원

알기 쉬운 심장병 119
박승정 지음

서울아산병원 심장 내과에 있는 저자가 심장병에 관해 심장질환이 생기는 원인, 증상, 치료법을 중심으로 내용을 상세하게 해설해 놓은 건강서. 신국판 / 248쪽 / 9,000원

알기 쉬운 고혈압 119
이정균 지음

생활 속의 고혈압에 관해 일반인들이 관심을 가지고 예방할 수 있도록 고혈압의 원인, 증상, 합병증 등을 상세하게 해설해 놓은 건강서. 신국판 / 304쪽 / 10,000원

여성을 위한 **부인과질환의 예방과 치료**
차선희 지음

남들에게는 말할 수 없는 증상들로 고민하고 있는 여성들을 위해 부인암, 골다공증, 빈혈 등 부인과질환을 원인 및 치료방법을 중심으로 설명한 여성건강 정보서.

신국판 / 304쪽 / 10,000원

알기 쉬운 **아토피 119**
이승규 · 임승엽 · 김문호 · 안유일 지음

감기처럼 흔하지만 암만큼 무서운 아토피 피부염의 원인에서부터 증상, 치료방법, 임상사례, 민간요법을 적용한 환자들의 경험담 등 수록. 신국판 / 232쪽 / 9,500원

교 육

우리 교육의 창조적 백색혁명
원상기 지음

자라나는 새싹들이 기본적인 지식과 사고를 종합적 · 창조적으로 발전시켜 창조적인 사고능력을 배양할 수 있도록 한 교육지침서. 신국판 / 206쪽 / 6,000원

육아아이디어 263
생활컨설턴트그룹 엮음 / 한양심 옮김

세상에서 가장 예쁘고 소중한 우리 아기에게 언제나 여유로우면서도 무슨 일이든 척척 처리하는 현명한 신세대 엄마가 되기 위한 최신 육아 정보 수록! 신국판 / 318쪽 / 6,000원

현대생활과 체육
조창남 외 5명 공저

각종 현대병의 원인과 예방 및 운동요법에 대한 이론과 요즘 각광받는 골프 · 스키 · 볼링 등의 레저스포츠 총망라한 생활체육 총서. 신국판 / 340쪽 / 10,000원

퍼펙트 MBA
IAE유학네트 지음

기존의 관련 도서들과는 달리 Top MBA로 가는 길을 상세하고 완벽하게 수록. 가장 완벽하고 충실한 최신 정보 제공.
신국판 / 400쪽 / 12,000원

유학길라잡이 I -미국편
IAE유학네트 지음

미국의 교육제도 및 유학을 가기 위해서 준비해야 할 절차, 미국 현지 생활 정보, 최신 비자정보 등을 한눈에 볼 수 있는 유학길라잡이. 4 · 6배판 / 372쪽 / 13,900원

유학길라잡이 II - 4개국편
IAE유학네트 지음

영어권 국가인 영국 · 캐나다 · 호주 · 뉴질랜드의 현지 정보 · 교육제도 및 각 국가별 학교의 특화된 교육내용 완전 수록!!
4 · 6배판 / 348쪽 / 13,900원

조기유학길라잡이.com
IAE유학네트 지음

영어권으로 나이 어린 자녀를 유학보내기 위해 준비중인 학부모 및 준비생들이 반드시 읽어야 할 필독서!!
영어권 나라의 교육제도 및 학교별 데이터를 완벽하게 수록하여 유학정보서의 질을 한 단계 상승시킨 결정판!!
4 · 6배판 / 428쪽 / 15,000원

현대인의 건강생활
박상호 외 5명 공저

현대인들의 건강한 삶을 위한 사회체육의 중요성을 강조. 건강과 체력 증진을 위한 기본상식, 노인과 건강 등 이론과 스쿼시 · 스키 · 윈드 서핑 등 레저스포츠 등의 실기편으로 이루어진 알찬 내용 수록. 4 · 6배판 / 268쪽 / 15,000원

천재아이로 키우는 두뇌훈련
나카마츠 요시로 지음 / 민병수 옮김

머리가 좋은 아이로 키우기 위한 환경 만들기, 식사, 운동 등 연령별 두뇌 훈련법 소개. 국판 / 288쪽 / 9,500원

테마별 고사성어로 익히는 한자
김경익 지음

세글자, 네글자로 이루어진 고사성어를 통해 실용한자를 익히고 성어 속에 담긴 의미도 오늘에 맞게 재해석 해보는 한자 학습서. 4 · 6배판 변형 / 248쪽 / 9,800원

生생 공부비법
이은승 지음

국내 최초 수학과외 수출의 주인공 이은승이 개발한 자기만의 맞춤식 공부학습법 소개. 공부도 하는 법을 알면 목표를 달성할 수 있다고 용기를 북돋우어 주는 실전 공부 비법서.
대국전판 / 272쪽 / 9,500원

취미 · 실용

김진국과 같이 배우는 **와인의 세계**
김진국 지음

포도주 역사에서 분류, 원료 포도의 종류와 재배, 양조 · 숙성 · 저장, 시음법, 어울리는 요리와 와인의 유통과 소비, 와인 시장의 현황과 전망, 와인 판매 요령, 와인의 보관과 재고의 회전, '와인 양조 비밀의 모든 것'을 동영상으로 제작한 CD까지, 와인의 모든 것이 담긴 종합학습서.
국배판 변형양장본(올 컬러판) / 208쪽 / 30,000원

경제 · 경영

CEO가 될 수 있는 성공법칙 101가지
김승룡 편역

또 한 번의 경제위기를 겪고 있는 우리의 현실을 극복하고 일어설 수 있는 리더로서의 역할과 책임에 대한 명확한 해답을 제시해줄 것이다. 신국판 / 320쪽 / 9,500원

정보소프트
김승룡 지음

홍수처럼 쏟아지는 정보를 수집 · 분석하여 효과적으로 활용하는 방법을 총망라한 정보 전략 완벽 가이드!!
신국판 / 324쪽 / 6,000원

기획대사전
다카하시 겐코 지음 / 홍영의 옮김

기획에 관련된 모든 사항을 실례와 도표를 통하여 초보자에서 프로기획맨에 이르기까지 효율적으로 활용할 수 있도록 체계적으로 총망라하였다. 신국판 / 552쪽 / 19,500원

맨손창업 · 맞춤창업 BEST 74
양혜숙 지음

창업대행 현장 전문가가 추천하는 유망업종을 7가지 주제별로 나누어 수록한 맞춤창업서로 창업예비자들에게 창업의 길을 밝혀줄 발로 뛰면서 만든 실무 지침서!!
신국판 / 416쪽 / 12,000원

무자본, 무점포 창업! FAX 한 대면 성공한다
다카시로 고시 지음 / 홍영의 옮김

완벽한 FAX 활용법을 제시하여 가장 적은 자본으로 창업하려는 예비자들에게 큰 투자를 필요로 하지 않으면서 성공을 이끌어주는 길라잡이가 되는 실무 지침서.
신국판 / 226쪽 / 7,500원

성공하는 기업의 인간경영
중소기업 노무 연구회 편저 / 홍영의 옮김

무한경쟁시대에서 각 기업들의 다양한 경영 실태 속에서 인사 · 노무 관리 개선에 있어서 기업의 효율을 높이고 발전을 이룰 수 있는 원칙을 제시. 신국판 / 368쪽 / 11,000원

21세기 IT가 세계를 지배한다
김광희 지음

21세기 화두로 떠오른 IT혁명의 경쟁력에 대해서 전문가의 논리적이고 철저한 해설과 더불어 매장 끝까지 실제 사례를 곁들여 설명. 신국판 / 380쪽 / 12,000원

경제기사로 부자아빠 만들기
김기태 · 신현태 · 박근수 공저

날마다 배달되는 경제기사를 꼼꼼히 챙겨보는 사람만이 현대생활에서 부자가 될 수 있다. 언론인의 현장감각과 학자의 전문성을 접목시킨 것이 이 책의 특성! 누구나 이 책을 읽고 경제원리를 체득, 경제예측을 할 수 있게 준비된 생활경제서적.
신국판 / 388쪽 / 12,000원

포스트 PC의 주역 정보가전과 무선인터넷
김광희 지음

포스트 PC의 주역으로 급부상하고 있는 정보가전과 무선인터넷 그리고 이를 구현하기 위한 관련 테크놀러지를 체계적으로 소개. 신국판 / 356쪽 / 12,000원

성공하는 사람들의 마케팅 바이블
채수명 지음

최근의 이론을 보완하여 내놓은 마케팅 관련 실무서. 마케팅의 정보전략, 핵심요소, 컨설팅실무까지 저자의 노하우와 창의적인 이론이 결합된 마케팅서. 신국판 / 328쪽 / 12,000원

느린 비즈니스로 돌아가라
사카모토 게이이치 지음 / 정성호 옮김

미국식 스피드 경영에 익숙해져 현실의 오류를 간과하고 있는 사람들을 위한 어떻게 팔 것인가보다 무엇을 팔 것인가를 차분히 설명하는 마케팅 컨설턴트의 대안 제시서!
신국판 / 276쪽 / 9,000원

적은 돈으로 큰돈 벌 수 있는 부동산 재테크
이원재 지음

700만 원으로 부동산 재테크에 뛰어들어 100배 불린 저자가 부동산 재테크를 계획하고 있는 사람들이 반드시 알아두어야 할 내용을 경험담을 담아 해설해 놓은 경제서.
신국판 / 340쪽 / 12,000원

바이오혁명
이주영 지음

21세기 국가간 경쟁부문으로 새로이 떠오르고 있는 바이오혁명에 관한 기초지식을 언론사에 몸담고 있는 현직 기자가 아주 쉽게 해설해 놓은 바이오 가이드서. 바이오 관련 용어 해설 수록. 신국판 / 328쪽 / 12,000원

두뇌혁명
나카마츠 요시로 지음 / 민병수 옮김

『뇌내혁명』 하루야마 시게오의 추천작!!
어른들을 위한 두뇌 개발서로, 풍요로운 인생을 만들기 위한 '뇌' 와 '몸' 자극법 제시. 4 · 6판 양장본 / 288쪽 / 12,000원

성공하는 사람들의 자기혁신 경영기술
채수명 지음

자기 계발을 통한 신지식 자기경영마인드를 갖추어야 한다는 전제 아래 그 방법을 자세하게 알려주는 자기계발 지침서.
신국판 / 344쪽 / 12,000원

CFO
교텐 토요오 · 타하라 오키시 지음 / 민병수 옮김

일반인들에게 생소한 용어인 CFO. 세계화에 발맞추어 기업이 경쟁력을 갖추려면 CFO, 즉 최고 재무책임자의 역할이 지금까지와는 완전히 달라져야 한다. 이에 기업을 이끌어가는 새로운 키잡이로서의 CFO의 역할, 위상 등을 일본의 기업을 중심으로 하여 알아보고 바람직한 방향을 제시한다.
신국판 / 312쪽 / 12,000원

네트워크시대 네트워크마케팅
임동학 지음

학력, 사회적 지위 등에 관계 없이 자신이 노력한 만큼 돈을 벌 수 있는 네트워크마케팅에 관해 알려주는 안내서.

신국판 / 376쪽 /12,000원

성공리더의 7가지 조건
다이앤 트레이시 · 윌리엄 모건 지음 / 지창영 옮김

개인과 팀, 조직관계의 개선을 위한 방향제시 및 실천을 위한
안내자 역할을 해주는 책. 현장에서 활용할 수 있는 실용서.
신국판 / 360쪽 / 13,000원

김종결의 성공창업
김종결 지음

누구나 창업을 할 수는 있지만 아무나 돈을 버는 것은 아니다
라는 전제 아래 중견 연기자로서, 음식점 사장님으로 성공한
탤런트 김종결의 성공비결을 통해 창업전략과 성공전략을 제
시한다. 신국판 / 340쪽 / 12,000원

최적의 타이밍에 내집 마련하는 기술
이원재 지음

부동산을 통한 재테크의 첫걸음 '내 집 마련'의 결정판. 체계적
이고 한눈에 쏙 들어 오는 '내 집 장만 과정'을 쉽게 풀어놓은
부동산재테크서. 신국판 / 248쪽 / 10,500원

주 식

개미군단 대박맞이 주식투자
홍성걸 (한양증권 투자분석팀 팀장) 지음

초보에서 인터넷을 활용한 주식투자까지 필자의 현장에서의
경험을 바탕으로 한 주식 성공전략의 모든 정보 수록.
신국판 / 310쪽 / 9,500원

알고 하자! 돈 되는 주식투자
이길영 외 2명 공저

일본과 미국의 주식시장을 철저한 분석과 데이터화를 통해 한
국 주식시장의 투자의 흐름을 파악함으로써 한국 주식시장에
서의 확실한 성공전략 제시!! 신국판 / 388쪽 / 12,500원

항상 당하기만 하는 개미들의 매도 · 매수타이밍 999% 적중 노하우
강경무 지음

승부사를 꿈꾸며 와신상담하는 모든 이들에게 희망의 등불이
될 것을 확신하는 Jusicman이 주식시장에서 돈벌고 성공할 수
있는 비결 전격공개!! 신국판 / 336쪽 / 12,000원

부자 만들기 주식성공클리닉
이창희 지음

저자의 경험담을 섞어서 주식이란 무엇인가를 풀어서 써놓은
주식입문서. 초보자와 자신을 성찰해볼 기회를 가지려는 기존
의 투자자를 위해 태어났다. 신국판 / 372쪽 / 11,500원

선물 · 옵션 이론과 실전매매
이창희 지음

선물과 옵션시장에서 일반인들이 실패하는 원인을 분석하고,
반드시 지켜야 할 투자원칙에 따라 유형별로 실전 매매 테크닉
을 터득함으로써 투자를 성공적으로 할 수 있게 한 지침서!!
신국판 / 372쪽 / 12,000원

너무나 쉬워 재미있는 주가차트
홍성무 지음

주식시장에서는 차트 분석을 통해 주가를 예측하는 투자자만
이 주식투자에서 성공하므로 차트에서 급소를 신속, 정확하게
뽑아내 매매타이밍을 잡는 방법을 알려주는 주식투자 지침서.
4 · 6배판 / 216쪽 / 15,000원

역 학

역리종합 만세력
정도명 편저

현존하는 만세력 중 최장 기간을 수록하였으며 누구나 이 책을
보고 자신의 사주를 쉽게 찾아보고 맞춰 볼 수 있게 하였다.
신국판 / 532쪽 / 10,500원

작명대전
정보국 지음

독자들 스스로 작명할 수 있도록 한글 소리 발음에 입각한 작명의
원리를 밝힌 길라잡이서. 신국판 / 460쪽 / 12,000원

하락이수 해설
이천교 편저

점서학인 하락이수를 직역으로 풀어 놓아 원작자의 깊은 뜻을
원형 그대로 전달하고 원문을 공부하려는 사람들에게 도움이
되는 해설서이다. 신국판 / 620쪽 / 27,000원

현대인의 창조적 관상과 수상
백운산 지음

관상학을 터득하여 적절히 운명에 대처해 나감으로써 어느 분
야에서든지 성공적인 삶을 누릴 수 있는 비법을 전해줄 것이
다. 신국판 / 344쪽 / 9,000원

대운용신영부적
정재원 지음

수많은 역사와 신비로운 영험을 지닌 1,000여 종의 부적과 저
자가 수십 년간 연구 · 개발한 200여 종의 부적들을 집대성한
국내 최대의 영부적이다. 신국판 양장본 / 750쪽 / 39,000원

사주비결활용법
이세진 지음

컴퓨터와 역학의 만남!! 운명의 숨겨진 비밀을 꿰뚫어 보는 신
녹현사주 방정식의 모든 것을 수록.
신국판 / 392쪽 / 12,000원

컴퓨터세대를 위한 新 성명학대전
박용찬 지음

이름 속에 운명을 바꾸는 비결이 있다. 태어난 아기 이름은 물
론 개명 · 상호 · 아호 짓는 법까지 사람이 살아가면서 필요한
모든 이름 짓기가 총망라되어 각자의 개성과 사주에 맞게 이름
을 짓는 작명비법을 수록. 신국판 / 388쪽 / 11,000원

길흉화복 꿈풀이 비법
백운산 지음

길몽과 흉몽을 구분하여 그림과 함께 보기 쉽게 엮었으며, 특히 요즘 신세대 엄마들에게 관심이 많은 태몽이 여러 가지로 자세하게 풀이되어 있다. 신국판 / 410쪽 / 12,000원

새천년 작명컨설팅
정재원 지음

혼자 배워야 하는 독자들도 정말 이해하기 쉽도록 구성된 신세대 부모를 위한 쉽고 좋은 아기 이름만들기의 결정판.
신국판 / 470쪽 / 13,000원

백운산의 신세대 궁합
백운산 지음

남녀궁합 보는 법뿐만 아니라 인간관계, 출세, 재물, 자손문제, 건강문제, 성격, 길흉관계 등을 미리 규명할 수 있도록 쉽게 풀어놓았다. 신국판 / 304쪽 / 9,500원

동자삼 작명학
남시모 지음

최초의 한글 성명학으로 한글의 독창성 · 우수성 · 과학성을 운명철학 차원에서 검증한, 한국사람에게 알맞은 건물명 · 상호 · 물건명 등의 이름을 자신에게 맞는 한글이름으로 지을 수 있는 작명비법을 제시한다. 신국판 / 496쪽 / 15,000원

구성학의 기초
문길여 지음

방위학의 모든 것을 통하여 개인의 일생운 · 결혼운 · 사고운 · 가정운 · 부부운 · 자식운 · 출세운을 성공적으로 이끄는 비법 공개. 신국판 / 412쪽 / 12,000원

법률 일반

여성을 위한 성범죄 법률상식
조명원(변호사) 지음

성희롱에서 성폭력범죄까지 여성이었기 때문에 특히 말 못하고 당해야만 했던 이 땅의 여성들을 위한 성범죄 법률상식서. 사례별 법적 대응방법 제시. 신국판 / 248쪽 / 8,000원

아파트 난방비 75% 절감방법
고영근 지음

예비역 공군소장이 잘못 부과된 아파트 난방비를 최고 75%까지 줄일 수 있는 방법을 구체적인 법적 근거를 토대로 작성한 아파트 난방비 절감방법 제시. 신국판 / 238쪽 / 8,000원

일반인이 꼭 알아야 할 절세전략 173선
최성호(공인회계사) 지음

세법을 제대로 알면 돈이 보인다.
현직 공인중개사가 알려주는 합법적으로 세금을 덜 내고 돈을 버는 절세전략의 모든 것! 신국판 / 392쪽 / 12,000원

변호사와 함께하는 부동산 경매
최환주(변호사) 지음

새 상가건물임대차보호법에 따른 권리분석과 채무자나 세입자의 권리방어기법은 제시한다. 또한 새 민사집행법에 따른 각 사례별 해설도 수록. 신국판 / 404쪽 / 13,000원

혼자서 쉽고 빠르게 할 수 있는 소액재판
김재용 · 김종철 공저

나홀로 소액재판을 할 수 있도록 소장작성에서 판결까지의 실제 재판과정을 상세하게 수록하여 이 책 한 권이면 모든 것을 완벽하게 해결할 수 있다. 신국판 / 312쪽 / 9,500원

"술 한 잔 사겠다"는 말에서 찾아보는 채권 · 채무
변환철 지음

일반인들이 꼭 알아야 할 채권 · 채무에 관한 법률 사항을 빠짐없이 수록. 신국판 / 408쪽 / 13,000원

알기쉬운 부동산 세무 길라잡이
이건우 지음

부동산에 관련된 모든 세금을 알기 쉽게 단계별로 해설. 합리적이고 탈세가 아닌 적법한 절세법 제시.
신국판 / 400쪽 / 13,000원

알기쉬운 어음, 수표 길라잡이
변환철(변호사) 지음

어음, 수표의 발행에서부터 도난 또는 분실한 경우의 공시최고와 제권판결에 이르기까지 어음, 수표 관련 법률사항을 쉽고도 상세하게 압축해 놓은 생활법률서. 신국판 / 328쪽 / 11,000원

제조물책임법
강동근 · 윤종성 공저

제품의 설계, 제조, 표시상의 결함으로 소비자가 피해를 입었을 때 제조업자가 배상책임을 져야 하는 제조물책임 시대를 맞아 제조업자가 갖추어야 할 법률적 지식을 조목조목 설명해 놓은 법률서. 신국판 / 368쪽 / 13,000원

생활 법률

부동산 생활법률의 기본지식
대한법률연구회 지음 / 김원중 감수

부동산관련 기초지식과 분쟁해결을 위한 노하우, 테크닉을 제시하고 권두 특집으로 주택건설종합계획과 부동산 관련 정부 주요 시책을 소개하였다. 신국판 / 480쪽 / 12,000원

고소장 · 내용증명 생활법률의 기본지식
하태웅 지음

스스로 고소 · 고발장을 작성할 수 있도록 예문과 서식을 함께 소개. 또 민사소송에 대해서도 자세하게 설명.
신국판 / 440쪽 / 12,000원

노동 관련 생활법률의 기본지식
남동희 지음

4만 여 건 이상의 무료 상담을 계속하고 있는 저자의 상담 사례를 통해 문답식으로 풀어나가는 노동 관련 생활법률 해설의 최신 결정판.　신국판 / 528쪽 / 14,000원

외국인 근로자 생활법률의 기본지식
남동희 지음

외국인 연수협력단의 자문위원으로 오랜 시간 실무를 접했던 저자의 경험을 바탕으로 외국인 근로자의 체류자격 및 취업자격 등 법적 문제와 법률적 지위를 상세하게 다루었다.
신국판 / 400쪽 / 12,000원

계약작성 생활법률의 기본지식
이상도 지음

국민생활과 직결된 계약법의 기초를 이루는 핵심 기본지식을 간단명료한 해설 및 관련 계약서 작성 예문과 함께 제시.

신국판 / 560쪽 / 14,500원

지적재산 생활법률의 기본지식
이상도 · 조의제 공저

현대 산업사회에서 중요시되고 있는 특허, 실용신안, 의장, 상표, 저작권, 컴퓨터프로그램저작권 등 지적재산의 모든 것을 체계화하여 한 권으로 요약하였다.　신국판 / 496쪽 / 14,000원

부당노동행위와 부당해고 생활법률의 기본지식
박영수 지음

노사관계 핵심사항인 부당노동행위와 정리해고 · 징계해고를 중심으로 간단한 해설과 더불어 대법원 판례, 노동위원회에 의한 구제절차, 소송절차 및 노동부 업무처리지침을 소개.
신국판 / 432쪽 / 14,000원

주택 · 상가임대차 생활법률의 기본지식
김운용 지음

전세업자들이 보증금 반환소송이나 민사소송, 경매절차까지의 기본적인 흐름을 알 수 있도록 인터넷을 통한 실제 법률 상담을 전격 수록.　신국판 / 480쪽 / 14,000원

하도급거래 생활법률의 기본지식
김진홍 지음

경제적 약자인 하도급업자를 위하여 하도급거래 관련 필수적인 법률사안들을 쉽게 해설함과 동시에 실무에 필요한 12가지 하도급표준계약서를 소개.　신국판 / 440쪽 / 14,000원

이혼소송과 재산분할 생활법률의 기본지식
박동섭 지음

이혼과 관련하여 해결해야 할 법률문제들을 저자의 실무경험을 바탕으로 명쾌하게 해설하였다. 아울러 약혼이나 사실혼과 기로 인한 위자료문제도 함께 다루어 가정문제로 고민하는 사람들에게 길잡이가 되도록 하였다.　신국판 / 460쪽 / 14,000원

부동산등기 생활법률의 기본지식
정상태 지음

등기를 하지 않으면 어떤 위험이 따르고, 등기를 하면 어떤 효력이 생기는가! 등기신청은 어떻게 하며, 필요한 서류는 무엇이고, 등기종류에는 어떤 것들이 있는가 등 부동산등기 전반에 걸쳐 일반인이 꼭 알아야 할 법률상식을 간추려 간단, 명료하게 해설하였다.　신국판 / 456쪽 / 14,000원

기업경영 생활법률의 기본지식
안동섭 지음

사업을 구상하고 있는 사람이나 현재 경영하고 있는 사람 및 관리실무자에게 필요한 법률을 체계적으로 알려주고 관련 법률서식과 서식작성 예문도 함께 소개.

신국판 / 466쪽 / 14,000원

교통사고 생활법률의 기본지식
박정무 · 전병찬 공저

교통사고 당사자가 쉽게 응용할 수 있도록 단계별 해결책을 제시함과 동시에 사고유형별 Q&A를 통하여 상세한 법률자문 역할을 하였다.　신국판 / 480쪽 / 14,000원

소송서식 생활법률의 기본지식
김대환 지음

일상생활과 밀접한 소송서식을 중심으로 소장작성부터 판결을 받을 때까지 그 서식작성요령을 서식마다 항목별로 자세하게 설명하였다.　신국판 / 480쪽 / 14,000원

호적 · 가사소송 생활법률의 기본지식
정주수 지음

개명, 성 · 본 창설, 취적절차 및 법원의 허가 및 판결에 의한 호적정정절차, 친권 · 후견절차, 실종선고 · 부재선고절차에 상세한 해설과 함께 신고서식 작성요령과 구비할 서류 및 재판절차에 대하여 자세히 설명.　신국판 / 516쪽 / 14,000원

상속과 세금 생활법률의 기본지식
박동섭 지음

상속재산분할, 상속회복청구, 유류분반환청구, 상속세부과처분취소 등 상속관련 사건들을 해결하는 데 도움이 되도록 상속법과 상속세법을 상세하게 함께 수록.
신국판 / 480쪽 / 14,000원

담보 · 보증 생활법률의 기본지식
류창호 지음

살아가다 보면 담보를 제공하거나 보증을 서는 일이 비일비재하다. 이렇게 담보를 제공하거나 보증을 섰는데 문제가 생겼을 때의 해결방법을 법조항 설명과 함께 실례를 실어 알아 본다.
신국판 / 436쪽 / 14,000원

소비자보호 생활법률의 기본지식
김성천 지음

소비자의 권리 실현 보장 관련 법률 및 소비자 파산 문제를 상세한 해설 · 판례와 함께 모두 수록.　신국판 / 504쪽 / 15,000원

처 세

성공적인 삶을 추구하는 여성들에게 우먼파워
조안 커너 · 모이라 레이너 공저 / 지창영 옮김

사회의 여성을 향한 냉대와 편견의 벽을 깨뜨리고 성공적인 삶을 이루려는 여성들이 갖추어야 할 자세 및 삶의 이정표 제시!!
신국판 / 352쪽 / 8,800원

聽 이익이 되는 말 話 손해가 되는 말
우메시마 미요 지음 / 정성호 옮김

직장이나 집안에서 언제나 주고받는 일상의 화제를 모아 실음으로써 대화의 참의미를 깨닫고 비즈니스를 성공적으로 이끌기 위한 대화술을 키우는 방법 제시!! 신국판 / 304쪽 / 9,000원

성공하는 사람들의 화술테크닉
민영욱 지음

개인간의 사적인 대화에서부터 대중을 위한 공적인 강연에 이르기까지 어떻게 말하고 어떻게 스피치를 할 것인가에 관한 지침서. 신국판 / 320쪽 / 9,500원

부자들의 생활습관 가난한 사람들의 생활습관
다케우치 야스오 지음 / 홍영의 옮김

경제학의 발상을 기본으로 하여 사람들이 살아가면서 생활에서 생각해 볼 수 있는 이익을 보는 생활습관과 손해를 보는 생활습관을 수록, 독자 자신에게 맞는 생활습관의 기본 전략을 설계할 수 있도록 제시. 신국판 / 320쪽 / 9,800원

코끼리 귀를 당긴 원숭이-히딩크식 창의력을 배우자
강충인 지음

코끼리와 원숭이의 우화를 히딩크의 창조적 경영기법과 리더십에 대비하여 자기혁신, 기업혁신을 꾀하는 창의력 개발법을 제시. 신국판 / 208쪽 / 8,500원

성공하려면 유머와 위트로 무장하라
민영욱 지음

21세기에 들어 새로운 추세를 형성하고 있는 말 잘하기. 이러한 추세에 맞추어 현재 스피치 강사로 활약하고 있는 저자가 말을 잘하는 방법과 유머와 위트를 만들고 즐기는 방법을 제시한다. 신국판 / 292쪽 / 9,500원

등소평의 오뚝이전략
조창남 편저

중국 역사상 정치 · 경제 · 학문 등의 분야에서 최고 위치에 오른 리더들의 인재활용, 상황 극복법 등 처세 전략 · 전술을 통해 이 시대의 성공인으로 자리매김하는 해법 제시.
신국판 / 304쪽 / 9,500원

노무현 화술과 화법을 통한 이미지 변화
이현정 지음

현재 불교방송에서 활동하고 있는 이현정 아나운서의 화술 길라잡이. 노무현 대통령의 독특한 화술과 화법을 통해 리더로서, 성공인으로서 갖추어야 할 화술 화법을 배우는 화술 실용서. 신국판 / 320쪽 / 10,000원

성공하는 사람들의 토론의 법직
민영욱 지음

다양한 사람들의 다양한 욕구를 하나로 응집시키는 수단으로

등장하고 있는 토론에 관해 간단하고 쉽게 제시한 토론 길라잡이서. 신국판 / 280쪽 / 9,500원

명 상

명상으로 얻는 깨달음
달라이 라마 지음 / 지창영 옮김

티베트의 정신적 지도자이자 실질적 지도자인 달라이 라마의 수많은 가르침 가운데 현대인에게 필요해지고 있는 인내에 대한 이야기. 국판 / 320쪽 / 9,000원

어 학

2진법 영어
이상도 지음

2진법 영어의 비결을 통해서 기존 영어학습 방법의 단점을 말끔히 해소시켜 주는 최초로 공개되는 고효율 영어학습 방법. 적은 시간을 투자하여 영어의 모든 것을 획기적으로 향상시킬 수 있는 비법을 제시한다. 4 · 6배판 변형 / 328쪽 / 13,000원

한 방으로 끝내는 영어
고제윤 지음

일상생활에서의 이야기를 바탕으로 하는 영어강의로 영어문법은 재미없고 지루하다고 생각하는 이 땅의 모든 사람들의 상식을 깨면서 학습 효과를 높이기 위한 공부방법을 제시하는 새로운 영어학습서. 신국판 / 316쪽 / 9,800원

한 방으로 끝내는 영단어
김승엽 지음 / 김수경 · 카렌다 감수

일상생활에서 우리가 무심코 던지는 영어 한마디가 당신의 영어수준을 드러낸다는 사실을 깨닫게 하는 영어 실용서. 풍부한 예문을 통해 참영어를 배우겠다는 사람, 무역업이나 관광 안내업에 종사하는 사람, 영어권 나라로 이민을 가려는 사람들에게 많은 도움을 줄 것이다. 4 · 6배판 변형 / 236쪽 / 9,800원

해도해도 안 되던 영어회화 하루에 30분씩 90일이면 끝낸다
Carrot Korea 편집부 지음

온라인과 오프라인을 넘나들면서 영어학습자들의 각광을 받고 있는 린다의 현지 생활 영어 수록. 교과서에서 배울 수 없었던 생생한 실생활 영어를 90일 학습으로 모두 끝낼 수 있다.
4 · 6배판 변형 / 260쪽 / 15,000원

바로 활용할 수 있는 기초생활영어
김수경 지음

다양한 상황에 대처할 수 있도록 인사나 감정 표현, 전화나 교통, 장소 및 기타 여러 사항에 관한 기초생활영어를 총망라.
신국판 / 240쪽 / 10,000원

바로 활용할 수 있는 비즈니스영어
김수경 지음

해외 출장시, 외국의 바이어 접견시 기본적으로 사용할 수 있는 상황별 센텐스를 수록하여 해외 출장 준비 및 외국 바이어 접견을 완벽하게 끝낼 수 있게 했다.
신국판 / 252쪽 / 10,000원

생존영어55
홍일록 지음

살아 있는 영어를 익힐 수 있는 기회 제공. 반드시 알아야 할 핵심 센텐스를 저자가 미국 현지에서 겪었던 황당한 사건들과 함께 수록, 재미도 느낄 수 있다.   신국판 / 224쪽 / 8,500원

이팅 지침서. 각단계별 동작을 한눈에 알아볼 수 있도록 세부 동작별 일러스트 수록.   4·6배판 변형 / 172쪽 / 11,000원

배스낚시 테크닉
이종건 지음

현재 한국배스스쿨에서 강사로 활약하고 있는 아마추어 배스 낚시꾼이 중급 수준의 배스 낚시꾼들이 자신의 실력을 한 단계 업그레이드 시킬 수 있도록 루어의 활용, 응용법 등을 상세하게 해설.   4·6배판 변형 / 440쪽 / 20,000원

나도 디지털 전문가 될 수 있다!!!
이승훈 지음

깜찍한 디자인과 간편하게 휴대할 수 있다는 장점 때문에 새로운 생활필수품으로 자리를 잡아가고 있는 디카·디캠을 짧은 시간 안에 쉽게 배울 수 있도록 해놓은 초보자를 위한 디카·디캠길라잡이서. 4·6배판 / 320쪽 / 19,200원

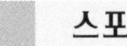
스포츠

수열이의 브라질 축구 탐방 삼바 축구, 그들은 강하다
이수열 지음

축구에 대한 관심만으로 각 나라의 축구팀, 특히 브라질 축구팀에 애정을 가지고 브라질 축구팀의 전력 및 각 선수들의 장단점을 나름대로 분석하고 연구하여 자신의 의견을 피력하고 있는 축구 길라잡이서.   신국판 / 280쪽 / 8,500원

마라톤, 그 아름다운 도전을 향하여
빌 로저스·프리실라 웰치·조 헨더슨 공저 / 오인환 감수 / 지창영 옮김

마라톤에 입문하고자 하는 초보 주자들을 위한 마라톤 가이드서. 올바르게 달리는 법, 음식 조절법, 달리기 전 준비운동, 주자에게 맞는 프로그램 짜기, 부상 예방법을 상세하게 설명하고 있다.   4·6배판 / 320쪽 / 15,000원

레포츠

퍼팅 메커닉
이근택 지음

감각에 의존하는 기존 방식의 퍼팅은 이제 그만!!
저자 특유의 과학적 이론을 신체근육 운동학에 접목시켜 몸의 무리를 최소한으로 덜고 최대한의 정확성과 거리감을 갖게 하는 새로운 퍼팅 메커닉 북. 4·6배판 변형/ 192쪽 / 18,000원

아마골프 가이드
정영호 지음

골프를 처음 시작하는 모든 아마추어 골퍼를 위해 보다 쉽고 빠르게 이해할 수 있도록 내용이 구성된 아마골프 레슨 프로그램서.   4·6배판 변형 / 216쪽 / 12,000원

인라인스케이팅 100%즐기기
임미숙 지음

레저 문화에 새로운 강자로 자리매김하고 있는 인라인 스케이팅을 안전하고 재미있게 즐길 수 있도록 알려주는 인라인 스케

최적의 타이밍에
내집 마련하는 기술

2003년 9월 15일 제1판 1쇄 발행

지은이/이원재
펴낸이/강선희
펴낸곳/가림출판사

등록/1992. 10. 6. 제4-191호
주소/서울시 광진구 구의동 57-71 부원빌딩 4층
대표전화/458-6451   팩스/458-6450
홈페이지 http://www.galim.co.kr
e-mail galim@galim.co.kr

값 10,500원

ⓒ 이원재, 2003

ISBN 89-7895-145-7 13320